가사로 보는
오페라, 막장 드라마!

가사로 보는
오페라, 막장 드라마!

우주호 지음

두드림미디어

추천사

35년의 오페라 무대 경험으로 대중을 위한 멋진 책을 집필하심을 진심으로 축하드립니다. 열정의 무대에서 열정의 책으로 오페라 역사의 한 페이지가 되길 축하드립니다.

서울문화재단 대표 **이창기**

오페라인으로 열정을 다해 무대에서 펼쳐온 경험을 인기 오페라 10편을 가사 중심의 해석으로 집필해 오페라의 대중화에 큰 도움이 될 이 책의 출간을 진심으로 축하하고 강력히 추천합니다.

한양대학교 음악대학 성악과 교수 **고성현**

'나는 잔인한 신의 존재를 믿는다(Credo in un Dio).' 오텔로보다 더 강렬한 이야고를 노래하던 바리톤 우주호의 생물 같은 오페라 이야기. 30년의 무대 경험이 녹아 있는 이 책을 통해 오페라의 매력에 흠뻑 빠지시기 바랍니다.

클래식부산 대표 **박민정**

오페라 30여 편에 500여 회 출연한 관록의 오페라 가수 바리톤 우주호. 그의 오페라 무대 경험이 진국으로 담긴 책이다! 과연 오페라란 무엇이고 왜 수백 년 동안 예술의 중심이자 꽃으로 청중들에게 사랑받아왔는가를 알게 해주는 책이 탄생했다!

음악평론가(CPBC 평화방송 장일범의 유쾌한 클래식 MC) **장일범**

수많은 연주 경험을 통해 얻은 바리톤 우주호만의 해박하고 깊이 있는 해석과 이해는 오페라를 이해하고 친숙하게 다가갈 수 있는 좋은 길라잡이가 될 것이며 우리나라 오페라 발전에 크게 이바지할 것을 기대합니다.

서울대학교 음악대학 지휘과 교수 **장윤성**

오페라는 '이해가 아니라 즐기면 되는 이야기'라는 것을 이 책을 통해 발견할 수 있었습니다. 어려운 장르라 여겨지던 오페라가 이 한 권의 책을 통해 공감해주는 친구가 되길 바랍니다.

성남문화재단 대표이사 **서정림**

어언 35년이라는 성악 인생과 700회의 오페라 무대와 콘서트 경험으로 집필한 이 책이 오페라가 좀 더 대중화되고 누구나 쉽게 다가갈 수 있는 교본이 되기를 바랍니다.

하르모니아 성악 최고위 과정 회장 **이영희**

전문적이고 다소 어렵게 느껴지는 오페라를, 마치 한 편의 드라마를 보듯 재미있고 흥미롭게 풀어낸 책으로, 클래식 애호가뿐 아니라 일반 대중들에게까지 추천해드리는 도서입니다.

백석문화대학교 실용음악과 교수 **남라헬**

성악적 발성의 재미! 오페라 극적인 재미! 연출적 흐름의 재미까지 오페라를 다양한 시각으로 편하고 쉽게 쓴 책이니 많은 분이 필독하시길 추천합니다.

맥커뮤니케이션 회장 서승석

청소년들에게 정말 유익한 많은 정보와 재미를 선사하는 우주호 교수님의 오페라 이야기를 적극적으로 추천해드립니다.

영남대학교 겸임 교수, 포항예술고 공연기획부장 **임용석**

우주호 선생의 《오페라, 막장 드라마!》의 출판을 진심으로 축하하며, 기대로 설렙니다. 본인이 출연했던 작품이라 무대의 현장감이 그대로 느껴지고 부인인 이윤이 선생의 오페라 삽화가 협업되어 생동감 있는 오페라 길잡이라 추천합니다.

명지대 예술대학 성악부 명예교수 **김요한**

이 책을 통해 오페라가 더욱 친근하게 생각되기를 바라며, 오페라의 참뜻을 알아가는 훌륭한 발자취가 되기를 기대합니다. 축하드립니다!

한양대학교 음악대학 교수 **김우경**

프롤로그

쉬운 오페라.

재미있는 오페라.

드라마 같은 오페라.

모르고 봐도 재미있는 오페라.

남녀노소 누구나 보고 들을 수 있는 오페라.

경험으로 설명하는 오페라로 여러분께 펜을 들었습니다.

오페라 35년 인생에서 한국인이 가장 사랑하는 오페라 10편을 선정해서 여러분께 소개했습니다. 오페라를 잘 안다고 자부했지만, 이번 집필로 저도 큰 배움의 시간을 가졌습니다.

오페라는 모르고 들어도 눈물, 감동, 웃음이 나와야 합니다.

그동안 왜 관객에게 공부하고 감상하라고 오페라인들이 요구했는지 늘 죄송한 마음이었습니다. 오페라는 알고 듣는 것이 아니고, 세속음악 장르라서 그 자체가 재미있어야 합니다. 우리 주변에서 일어날 수 있는 일들로 작곡되었기 때문에 저는 오페라를 쉽게 감상할 수 있다고 생각합니다. 아울러 우리 오페라인들이 더 확실하게 알고 부르면 대중에게 감동을 줄 수 있다고 저는 믿고 있습니다.

"오페라는 어렵다. 오페라 보면 잠이 온다. 오페라는 알고 들어야 한다. 오페라를 보면 무시당하는 느낌이 든다"라는 이야기를 많이 들었습니다!

그래서 제가 느꼈던 개인적인 오페라에 대한 생각, 그리고 유학할 때 저의 선생님에게서 들었던 이야기들, 그리고 뒷이야기를 조금씩 넣어 소개했습니다.

조심스럽게 말씀드리고 싶은 것은 오페라가 19금의 막장 드라마다라고 밝히는 것이 아닙니다! 오페라의 근본적인 목적은 당시의 귀족, 기득권의 타락상과 사회 문제점들을 고발하는 것이어서, 대본의 내용이 파격적인 것이 많다는 사실을 이번 책을 통해 말씀 드리고 싶습니다.

우리가 정말 정확한 가사를 알고 오페라에 대한 오해를 잘 푼다면 정말 재미있는 오페라 감상 문화를 만들어갈 수 있을 것입니다.

마지막으로 이번 책에서 저와 대화 형식으로 오페라를 함께 소개하는 〈팬텀 싱어〉의 스타 백인태 선생님께 진심으로 감사드립니다. 그리고 이 책을 위해서 오페라 주제에 따라 11편의 그림을 그려준 사랑하는 아내 이윤이 교수에게 진심으로 감사합니다.

사실 저의 딸 혜민이에게 좋은 유산일 것 같아 함께 책을 준비했습니다. 사랑하는 딸 혜민이가 세계적인 성악가가 되는 것도 중요하지만, 이 사회에 필요한 성악가가 되었으면 합니다. 그날까지 응원합니다.

많은 분이 오페라로 행복해지는 날까지 더욱 노력하겠습니다.
이 책을 통해 오페라가 편해지길 바랍니다.

바리톤 우주호

목 차

Opera 01 | 라 보엠(La Bohème)

〈라 보엠〉 한눈에 보기

1. 마르첼로와 무젯따의 사랑은 보헤미안의 젊고 솔직한 사랑이고, 로돌포와 미미의 사랑은 순수하고 내면적인 깊은 사랑입니다. 두 커플의 사랑을 비교해서 감상하면 아주 재미있습니다.
2. 1, 2막이 하나로 이어지고, 3막의 눈 내리는 명장면이 관전 포인트입니다.
3. 서곡 없이 전주의 개념으로 바리톤 마르첼로 소리로 바로 시작합니다. 작곡가 자코모 푸치니(Giacomo Puccini)의 특징입니다.
4. 비극의 오페라이지만, 1, 2막의 희극적인 요소가 돋보입니다.
5. 감초 역할의 조연이 빛나는 작품입니다.

작가 : 이윤이, 제목 : 라 보엠

사랑과 자유 그리고
숭고한 가치를 추구하는 멋진 예술가들

인태 바리톤 우주호 교수님께서 오셨습니다. 오늘은 어떤 오페라 무대로 저희를 인도해주시겠습니까?

주호 인태 선생님이 가장 좋아하는 오페라 무대입니다.

인태 혹시 〈라 보엠〉인가요?

주호 그렇습니다. 테너라면 〈라 보엠〉을 무조건 좋아할 수밖에 없지요! 주옥같은 아리아와 이중창이 많고, 테너가 가장 도전하고 싶은 아리아가 이 오페라에 있습니다.

인태 '그대의 찬 손(Che gelida manina)'이지요! 정말 멋지지만 아주 어려운 곡입니다.

주호 저도 이 오페라를 많이 공연했지만, 정말 이 곡 '그대의 찬 손'에 따라 오페라 성공 여부가 결정됩니다. 물론 바리톤의 마르첼로가 이야기를 잘 이끌어야 하는 오페라이지만요.

인태 그래도 테너의 아리아 마지막 극고음 '도'가 바로 이 오페라의 관건이지요! 교수님, 질문이 있습니다. 〈라 보엠〉의 뜻이 무엇입니까?

주호 한마디로 '집시의 삶'입니다. 15세기 프랑스에서 유랑민족인 집시족이 자유로운 삶의 형태를 추구하는 집단이라고 보시면 됩니다.

인태 그렇다면 집시의 삶을 표현하는 오페라를 배우는 건가요?

주호 아닙니다. 오페라의 〈라 보엠〉에 나오는 출연진들은 모두 예술가들로 구성되어 있습니다. 그들의 예술가적 삶에서 자유로운 삶을 추구하는 젊은이들의 사랑 이야기를 다룬 오페라입니다.

인태 교수님, 〈라 보엠〉을 쉽게 이야기하면 예술인의 삶이네요!

인태 이제 오페라 이야기로 들어가보시지요. 작곡가 푸치니 선생님께서 연극을 보고 〈나비 부인〉을 작곡했는데, 〈라 보엠〉도 연극 관람 후 원작을 찾아서 오페라로 만들었나요?

주호 아닙니다. 앙리 뮈르제(Henri Murger)의 소설 《보헤미안의 생활 정경》이 원작입니다. 작곡가 푸치니는 원작 소설을 읽자마자 단숨에 〈라 보엠〉을 완성했다고 합니다.

인태 연극은 보지 않고 소설을 읽은 후에 작곡했네요. 무슨 이유라도 있나요?

주호 네. 푸치니의 가난했던 젊은 시절이 원작 소설에 나온 가난한 예술가들의 이야기와 일치되어 한 번에 작곡을 했다고 합니다.

인태 푸치니도 가난한 흙수저였군요.

주호 작곡가 푸치니는 엄청나게 가난해서 또 다른 작곡가 마스카니와 같이 이탈리아 밀라노에서 자취를 했다고 합니다.

인태 제가 아는 마스카니인가요?

주호 여러분이 잘 아시는 〈카발레리아 루스티까나〉의 작곡가 피에트로 마스카니(Pietro Mascagni)가 맞습니다.

인태 두 사람 모두 배고픈 신인 시절을 거쳐서 지금의 오페라 거장이 된 거네요.

주호 네. 동거동락한 동 시대의 사실주의 오페라(Verismo, 음악이나 가사가 원색적인 인간의 감정을 솔직히 표현하는 사조)의 두 거장이지만, 표현기법이나 음악적 진행이 완전히 다릅니다.

인태 아주 간단하게 설명을 부탁드립니다.

주호 일단 제가 두 작품 다 공연을 10번 이상씩 해봤습니다. 제 오페라의 지식과 경험을 토대로 간단히 정리하자면, 푸치니는 감성적 표현으로 한마디 한마디의 화성적 변화를 추구하는 여성적 성향의 오페라 작곡가라고 할 수 있습니다. 반면 마스카니는 정반대로 직선적인 표현과 과감하고 파워가 넘치는 진행을 추구하는 남성적 성향의 오페라 작곡가라고 말씀드릴 수 있습니다.

인태 정말 생생한 표현, 감사합니다. 교수님에게서만 들을 수 있는 표현인 것 같습니다.

주호 제가 느끼는 표현이니 참고하시면 됩니다.

국립오페라단 전국 순회 오페라 〈라 보엠〉 우주호 출연(마르첼로 역)

중앙오페라단 2009년 〈라 보엠〉 '마르첼로' 역으로 출연

인태 아닙니다! 저도 동의합니다! 그리고 제가 알기로는 〈라 보엠〉이 푸치니 아닌 다른 작곡가 작품이 있다고 들었습니다. 맞습니까?

주호 정말 공부 많이 하셨네요. 작곡가 루제로 레온카발로(Ruggero Leoncavallo)의 〈라 보엠〉입니다. 앞으로는 제가 더 열심히 준비해야겠네요.

인태 지금도 충분합니다. 교수님, 그분도 유명하지 않나요?

주호 완전, 유명하지요. 바로 본인이 겪은 이야기를 창작해서 이탈리아 최고의 작곡 콩쿠르에 출품해서 1등을 했습니다. 그 작품이 바로 사실주의 오페라의 대표작 〈팔리아치〉(Pagliacci)입니다.

인태 바리톤 파트에서 극고음이 많아 가장 어려운 아리아인 '실례, 실례합니다'(Si puo..Si puo)의 프롤로그(Prologo) 노래가 있는 오페라 아닌가요?

주호 정확히 알고 계십니다. 인태 선생님, 최고입니다.

인태 같은 제목의 작품을 작곡했지만, 푸치니 작품이 더 유명하니 푸치니가 이긴 건가요?

주호 작품을 등수로 구분하면 안 되지만, 푸치니가 수백 년 동안 사랑을 받은 것은 사실입니다.

인태 그래도 간단하게 레온카발로의 〈라 보엠〉을 설명해주세요.

주호 1897년에 베네치아에서 초연이 되었습니다. 심오한 음악적 구조로 작곡되었고 드라마틱하다는 특징이 있습니다. 반면에 푸치니는 물방울 같은 섬세한 선율과 인간의 감성을 애절하게 표현하는 구조로 작곡되었습니다.

인태 이제 오페라 이야기를 살펴보시지요. 푸치니의 〈라 보엠〉은 언제 초연이 되었나요?

주호 1896년 이탈리아 토리노 왕립극장에서 초연되었다고 합니다. 〈나비부인〉과는 다르게 〈라 보엠〉은 대성공을 합니다.

인태 〈라 보엠〉을 안 좋아할 수가 없지요! 대박이 난 이 오페라의 1막을 설명해주세요.

주호 자유의 가치를 추구하는 화가 바리톤 마르첼로와 시인이었던 테너 로돌포는 추운 겨울날 조그만 다락방에서 열기 없는 난로 옆에서 추운 날씨를 투덜대면서 작업하는 장면으로 막이 시작됩니다.

인태 파리는 겨울에 난로가 없으면 손가락이 얼지 않나요?

주호 파리의 날씨는 실내에 난로가 없으면 밖에 있는 것과 비슷해서 겨울의 추위를 고스란히 느낍니다. 그들은 추운 성탄절이 가까이 다가오는 작은 다락방에서 친구인 철학가 베이스 꼴리네와 음악가 바리톤 쇼날드가 들어옵니다.

인태 젊은 친구들이 많이 있어 좋네요.

주호 그들은 아무것도 부러워하지 않고, 오로지 사랑과 자유 그리고 숭고한 가치를 추구하는 파리지엥의 멋진 예술가들입니다.

솔오페라단 예술의전당 〈라 보엠〉
그라골지브바직(꼴리네 역), 김성결(쇼날드 역), 박지민(로돌프 역), 우주호(마르첼로 역)

출처 : 저자 제공

인태 가난하지만 행복한 예술가들이군요.

주호 성탄절 전날, 그중 음악가 쇼날드가 조금 잘 살아서 먹을 것과 마
      실 것 그리고 조금의 돈을 가지고 들어와서 성탄 파티를 준비합니
      다.

인태 다행이네요. 쇼날드 덕분에 배부른 성탄절이 되어서요.

주호 다락방에서 4명의 예술가들이 노래하는 앙상블은 정말 코믹스럽
      고 은유법적인 표현이 많습니다. 그리고 빠르고 긴장된 템포로 숨
      을 못 쉬게 하는 푸치니의 음악이 첫 무대의 장식합니다.

인태 정말 재미있지요! 그리고 코믹 장면이 몇 장면 있지요?

주호 네! 그중에 백미는 집주인 베이스 베누아가 월세를 받으러 오는 장
      면입니다. 간단히 설명드리면, 여자를 좋아하는 공처가 베누아에게
      4명의 배고픈 파리지엥 예술가들이 월세를 안 주려고 멋진 작전을

펼쳐 3개월 치 월세를 획득하는 무대입니다.

인태 4명의 보헤미안들은 그 획득한 돈으로 풍요로운 자유를 즐기겠는데요?

주호 당연하게 그 돈으로 모뮤스 카페로 나가서 젊음을 즐깁니다.

인태 성탄절 전야제이니 이해가 되네요!

주호 〈라 보엠〉의 간판 아리아가 바로 나옵니다. 그 유명한 1막의 푸치니의 명곡인 시인 테너 로돌포가 부르는 '그대의 찬 손'과 그의 애인 소프라노 주인공인 미미가 부르는 '나를 미미라고 불러요'(Si mi chiamano Mimi) 등 두 곡입니다. 그리고 심장이 터질 것 같은 첫눈에 반한 사랑의 이중창 '사랑스러운 아가씨'(O soave fanciulla) 무대는 정말 압권합니다.

인태 푸치니를 고스란히 느낄 수 있네요. 저도 개인적으로 1막을 너무 좋아합니다.

주호 이 숨막히는 무대가 15분 정도인데 고통의 여부는 성악가의 능력에 따라 정해집니다. 성악가 안정된 극고음과 엄청난 감성적 레가토로 노래를 하면, 이 15분의 시간은 잊을 수 없는 생애 최고의 순간이 되리라 확신합니다.

인태 〈라 보엠〉의 극고음이라면 뭔가요?

주호 한국 말로 하이 시(High C)라고도 합니다. 가온 도(Do)보다 한 옥타브 높은 극고음 도입니다.

인태 극고음을 잘 내는 최고의 성악가들이 부르는 무대로 꼭 감상해보겠습니다. 테너 로돌프와 소프라노 미미의 독창과 이중창이 끝나면서 1막이 끝나지요?

주호 끝납니다. 그런데 쉬는 시간 없이 바로 2막이 시작됩니다.

인태 원래 1막하고 15분 쉬고 2막으로 이어지지 않나요?

주호 원칙은 그렇습니다만 항상 새로운 것을 추구하는 푸치니는 과감한 음악적 진행으로 새로운 연출을 완성합니다. 1막에서 새롭게 탄생한 커플 미미(수놓는 여자)와 시인 로돌프는 지금 막 사랑을 시작한 미미를 형제 같은 보헤미안 친구들에게 소개하러 그들이 있는 카페로 서둘러 갑니다.

인태 그래서 1막과 2막이 하나이군요.

주호 맞습니다! 1, 2막이 같이 진행됨으로써 오페라는 더 재미있고 생동감이 있는 겁니다. 즉 1, 2막이 합쳐서 보헤미안의 자유로움을 과감히 표현한다고 보시면 됩니다.

인태 테너 주인공인 시인 로돌프가 부른 '그대의 찬 손'에 대해서 이야기해주세요.

주호 물론입니다. 다락방 위의 작은 다락방에 혼자 사는 순수하고 예쁜 소프라노 주인공 미미는 성탄 전날에 남자들이 떠들썩하게 즐기고 있는 아랫방에 내려와서 불을 빌리고 다시 자기 방으로 올라가다가 운명적으로 열쇠를 두고 나옵니다.

인태 미미는 다시 로돌프 방으로 들어오겠네요?

주호 사실 로돌프는 불을 빌리려 내려온 미미에게 첫눈에 반했습니다. 그런데 다시 자기 방으로 와서 열쇠를 찾아달라고 하니, 운명적인 사랑으로 느낀 것입니다. 열쇠를 찾는 척하면서 미미의 손을 잡고 처음으로 신체적인 접촉이 이루어집니다.

인태 아! 둘은 서로 첫눈에 반하고 남자인 로돌프는 열쇠를 핑계로 미미의 차가운 손을 잡는군요.

주호 미미의 차가운 손을 잡자마자 사랑을 고백하는 아리아입니다. 한마디로 말씀드리면 '첫눈에 반한 시인 보헤미안 로돌프의 돌발적인 사랑 고백'입니다.

인태 교수님의 짧은 오페라 해석은 정말 명쾌합니다. 그럼 연이어 나오는 소프라노 미미의 아리아 '나를 미미라고 불러요'는 어떤 내용인가요?

주호 미미의 아리아를 간단히 말씀드리자면 '첫눈에 반한 남자가 자기 손을 잡고 사랑 고백을 받을 때 좋아서 자기를 과감하게 소개'하는 아리아입니다.

인태 세계적인 두 곡 아리아 내용 설명 부탁드립니다.

주호 테너 로돌프 아리아는 나는 시인이고 가난하지만 나에게는 시와 사랑 그리고 친구가 있어서 백만장자보다 더 행복하다는 이야기입니다. 그리고 당신의 빛나는 눈동자가 조용한 내 마음을 불태우고, 내 마음이 어지러운 것은 당신에 대한 사랑이 싹트기 때문이라고 하지요. 끝으로 내 이야기는 다 했으니 당신이 누구인지 말해달라고 합니다.

인태 소프라노 미미의 아리아도 설명을 부탁드립니다.

주호 원제를 직역하면 '그들은 나를 미미라고 부른다'입니다. 그런데 우리는 '내 이름은 미미'라고 알고 있지요. 여기서 재미있는 이야기를 하나 말씀드리고 싶습니다.

인태 벌써 기대가 됩니다.

주호 미미의 이름은 미미가 아니고 '루치아'입니다.

인태 네? 아니 제목에 내 이름이 미미라고 했잖아요.

주호 이탈리아 가사를 직역하면 답이 나옵니다. 아리아 첫 서두에 '저를 미미라고들 부르지만 사실 제 이름은 루치아입니다'(Si mi chiamano mimi ma e il nome Lucia)라고 하지요. 내 진짜 이름은 루치아인데 남들이 미미라는 애칭으로 부른다는 뜻입니다.

인태 미미는 이름이 두 개네요. 이유가 있을까요?

주호 그 당시 젊은 세대의 성이 너무 자유로워서 미미가 '화류계'에 몸을 담았을 때 불리웠던 이름이 '미미'라고 주장하는 사람이 많습니다.

인태 충격입니다! 미미는 지고지순하고 무젯따는 발랄하고 자기 주장이 강하면서 성이 자유로운 여성임을 알고 있었는데요! 미미가 화류계에 있었다고 하니 충격적입니다. 새로운 오페라 발견인데요!

주호 가난하고 어려운 시절에 여성들의 아픔이고 이것을 푸치니가 경고하듯이 표현한 것입니다.

인태 가난이 미미도 어쩔 수 없게 만드는군요. 이제 미미의 아리아는 어 떤 내용인가요?

주호 내 이름을 미미라고 부르는데 사실 '제 이름은 루치아'라며 노래를 시작합니다. 그리고 "저는 천에 수 놓는 직업을 가졌고 봄 그리고 꿈과 환상을 좋아하면서 성당에서 미사는 안 드리지만 기도는 자주합니다. 꼭대기 작은방에 혼자 살지만 4월 봄날 태양의 빛은 내가 먼저 받아요. 내가 수놓은 꽃을 예쁘지만 향기가 없어요"라는 내용으로 미미는 처음 본 로돌포에게 자신을 소개하는 아리아입니다.

인태 미미의 직업이 있다는 것을 처음 알았습니다. 그리고 미미는 순수하고 외로운 아가씨고 사람을 그리워하는 여성임을 살펴볼 수 있네요. 서로 소개 후에 이중창은 첫눈에 반한 뜨거운 두 남녀 보헤미안 로돌포와 미미는 사랑의 이중창을 한 후에 친구들이 있는 카페로 가는 거지요? 이 이중창도 간단히 설명을 부탁드립니다.

주호 '사랑스런 아가씨' 이중창은 정말 이중창 중에 가장 선율이 아름다운 작품인 것 같습니다. 〈라 트라비아타〉의 '나를 사랑하지요, 알프레도'(Amami Afredo)와 견줄 만한 사랑의 하모니인 것 같습니다. 내용은 로돌프는 "둥근 달처럼 부드러운 당신이여. 내 영혼이 황홀한 사랑을 원합니다"라고 사랑을 고백하고, 미미는 "당신이 한 사랑의 명령에 따르고 친구들이 있는 곳으로 가고 싶어요"라고 화답합니다. 그들은 사랑(Amor)을 외치고 다짐하면서 친구들이 있는 모뮤스 카페로 갑니다. 이렇게 두 사람은 보헤미안의 자유롭고 아름다운 사랑으로 1막에서 2막으로 넘어갑니다.

인태 2막은 프랑스 파리에 있는 모뮤스 카페이지요?

주호 모뮤스 카페 거리에 있는 수많은 사람들 속에서 4명의 보헤미안과 로돌프의 새로운 애인 미미는 행복한 성탄을 즐기는 장면이 나옵니다. 좀 더 설명을 드리자면 새로운 사랑의 출발! 뛰어노는 어린이! 마을에서 제일 큰 시장! 화려한 서커스단! 등 정말 볼거리가 가득한 마을의 거리 장면입니다. 놓치지 않고 자세히 보시길 권유드립니다.

인태 정말 재미있고 흥분되는 2막 첫 무대이겠네요.

주호 여기에서 루돌포가 친구들에게 미미를 소개하는 장면이 너무 재미있습니다. '여기 미미를 소개합니다. 꽃을 만드는 여인입니다'(Eccoci qui Questa e Mimi, gaia fioraia)의 노래는 여인이라면은 받고 싶은 사랑의 세레나데 멜로디인 것 같습니다.

인태 프러포즈 때 사용하면 좋겠네요.

주호 좋은 아이디어입니다. 그리고 또 다른 〈라 보엠〉 2막의 명장면이 기다리고 있습니다!

인태 이야, 올 게 왔군요. 무젯따의 등장이지요?

주호 그렇지요! 2막에서 가장 미소와 박수가 나올 최고의 장면입니다. 로돌프와 미미의 순수한 사랑도 좋지만, 솔직하고 담백한 두 사람의 사랑인 화가 바리톤 마르첼로와 가수인 소프라노 무젯따의 사랑싸움이 이 카페에서 일어납니다.

인태 저도 사실 마르첼로와 무젯따의 사랑이 더 좋습니다.

주호 시인 로돌포와 자수를 놓는 미미, 그리고 화가 마르첼로, 음악가 쇼날드 그리고 베이스 철학가 꼴리네는 성탄의 들뜬 마음으로 카페 앞에서 즐기고 있습니다. 갑자기 마르첼로의 옛 애인이 무젯따가 후원자 알친도로를 데리고 카페로 들어와서 분위기를 장악합니다. 무젯따는 모든 남성들 사이로 자신의 섹시함을 뽐내면서 카페 안을 휘젓고 다닙니다. 그의 후원자 베이스 알친도로는 무젯따에게 다른 남자들은 보지 말고, 돈도 그만 쓰고, 우리끼리 대화 좀 하자면서 졸졸 따라다니는 장면이 웃음을 자아내게 합니다.

인태 완전 코미디네요.

주호 맞습니다. 옛 애인 마르첼로는 무젯따의 무개념적인 남자 유혹에 질투와 화를 내면서 친구들에게 무젯따를 흉을 봅니다. 하지만 그녀는 마르첼로를 더 약 올리기 위해 '무젯따의 왈츠' 아리아를 부릅니다.

인태 섹시하고 유명한 소프라노 아리아지요. 저도 정말 좋아합니다.

주호 이 곡도 잘 부르기 힘듭니다. 소프라노들이 발성적으로 극고음에서 작은 소리로 길게 끌 수 있는 발성기술을 터득했을 때 이 아리아를 잘 부를 수 있습니다.

인태 이 무젯따는 소프라노의 미모와 소리가 다 갖춘 분이 노래를 불러야 최고인 것이지요?

주호 옳은 말씀입니다. 조연이지만 주연보다 더 빛날 수 있는 역입니다.

인태 내용 잠시 부탁드립니다

주호 '무젯따의 왈츠'는 "내가 홀로 걸을 때 다들 나를 쳐다 보네. 그들의 욕정이 나를 감쌀 때 난 행복해진다네. 당신이 날 보고싶은 마음을 감출 때 당신은 죽을 지경이지, 나는 알아"라는 노골적인 표현을 과감하게 하는 내용입니다.

인태 카페 안에서 뭇남자들에게 꼬리친 이유가 마르첼로의 질투를 유도 하는 작전이었네요.

주호 바로 그것입니다. 질투 유도 작전 노래입니다. 노래가 끝이 나고 바로 후원자 알친도로를 팽개칩니다. 무젯따와 마르첼로는 '마르첼 로! 사랑이여!'(Marcello! Sirena!)를 외치면서 오케스트라 심벌즈와 함께 화해의 포옹을 합니다.

인태 열정적이고 서로 사랑의 마음을 감추지 않고 열정의 사랑을 고백하는 진정한 보헤미안의 순수한 사랑입니다. 제 스타일입니다!

주호 보헤미안의 예술가 친구들은 마르첼로와 무젯따 그리고 로돌포와 미미, 이 두 커플과 함께 행복과 사랑을 가슴에 품고 군악대의 행진에 따라 나갑니다. 한편 무젯따의 명령에 새 신발을 사온 알친도르에게 카페에서 먹은 음식값도 바가지 씌우고 다시 군악대 행렬을 뒤따르면서 '무젯따 만세'(Viva Musetta)를 외치고 무대를 나갑니다.

인태 후원자 알친도르는 완전 팽 당했네요! 그리고 교수님 정말 1, 2막을 연결해서 하나의 막으로 푼 푸치니의 천재성에 탄복합니다. 정말 박진감이 넘치네요!

주호 이렇게 1, 2막의 대단원이 내려갑니다.

인태 그들은 당당하네요. 저도 신나서 그들의 행렬을 따라 사랑과 자유
를 찾고 싶네요.

주호 1막과 2막에 보헤미안의 모든 것을 소개했습니다. 3막의 분위기는
아주 다릅니다.

인태 너무 궁금합니다. 빨리 3막으로 들어가시지요.

당신은 나의 사랑이고
나의 인생이고 나의 전부입니다!

인태 바리톤 우주호 교수님 모시겠습니다.

주호 반갑습니다! 인태 선생님.

인태 이제 본격적으로 푸치니의 오페라 〈라 보엠〉의 무대 이야기를 나누기 전에 출연진에 대해 간단히 정리해주세요.

주호 먼저 시인 테너 로돌포와 수를 놓는 여인 소프라노 미미가 커플입니다. 그리고 다음 커플로는 소프라노 가수 무젯따와 바리톤 화가 마르첼로가 있습니다. 두 커플의 친구들인 음악가 바리톤 쇼날드와 철학가 베이스 꼴리네도 있습니다.

인태 친구들은 다른 보헤미안 예술가 두 명이네요.

주호 마지막으로 코믹 부파의 역인 알친도르와 베누아인데 보통은 한 사람이 두 역할을 동시에 합니다. 1막은 베누아 집주인이고, 2막은 무젯따의 후원자 알친도르입니다. 그리고 마지막으로 노점상 소년 빨삐놀이 8번째 역입니다.

인태 특이하네요. 일인이역이군요! 다른 감상 포인트 없나요?

주호 두 여인을 비교하면서 오페라 이야기를 풀어보면 재미있습니다. 미미는 굉장히 내성적이고 사랑을 받고 싶어 하는 여자입니다. 그리고 폐병과 가난으로 지쳐있지만 외로움에 더 지쳐있는 삶을 살고 있는 역할입니다. 한편 무젯따는 자기하고 싶은 이야기를 다하고, 눈치도 안 보고 이성에 대해 솔직한 돌직구를 날리는 상큼한 역할입니다. 진짜 보헤미안 〈라 보엠〉을 이야기하는 사랑은 로돌프와 미미의 사랑보다 마르첼로와 무젯따의 사랑이 더 보헤미안적이라고 봅니다.

인태 이렇게 개성이 강한 캐릭터들이 모여서 어떤 이야기를 만들어갈지 궁금합니다.

인태 오페라 이야기 들어가보겠습니다. 3막 부탁드립니다.

주호 3막의 배경은 파리의 관문입니다. 눈 내리는 무대 배경이 객석에서 탄성이 나올 만큼의 연출기법이 필요합니다.

인태 시기는 겨울인 것이 분명하네요.

주호 시기적으로는 성탄 후이니, 2월 말쯤이고 오를레앙에서 파리로 들어가는 관문입니다.

인태 파리로 들어가는데 관문을 통해야 하는가 봅니다.

주호 푸치니는 파리 밖에 사는 사람들의 가난한 모습과 미미의 힘든 시기를 이렇게 표현하고 있습니다.

인태 평범한 이웃이 되어 미미는 불쌍하게 돌아오는군요.

주호 눈 내리는 아름다운 파리 관문 앞에서 가수 무젯따는 돈이 없어서 다시 카바레에서 노래를 부르고 있습니다. 미미는 추위 속에서 기침을 하면서 청소하는 아주머니에게 길을 묻습니다.

인태 서너 달 사이에 많은 변화가 생긴 것 같습니다.

주호 미미와 로돌프는 서로 권태기를 잘 극복하지 못한 채 헤어졌습니다. 미미는 혼자 살기에 너무 힘든 상황이라 추운 겨울에 마르첼로를 찾아옵니다.

인태 다시 로돌포와 재회하고 싶어서인지요?

주호 아니요, 사랑의 회복보다는 외로움이 싫어서이지요.

인태 유명한 사중창 지금 나오나요?

주호 아직은 아닙니다. 정확히 말씀드리면 두 곡의 이중창과 한 곡의 소프라노 미미의 독창곡이 있고, 그 다음에 말씀하신 사중창이 나옵니다.

인태 연속적으로 명곡들이 나오겠네요?

주호 네, 미미와 마르첼로와의 이중창이고, 그다음 바로 마르첼로와 로돌포의 이중창이 바로 따라옵니다. 그리고 두 이중창이 끝나고 미미의 아리아가 나오고 그 다음 무젯따가 합류하면서 완벽한 사중창으로 보헤미안의 사랑의 아픔과 질투, 그리고 삶의 애환을 표현하고 있습니다.

인태 일명 3막은 2.2.1.4 앙상블이네요.

주호 재미있는 표현이네요! 2.2.1.4 앙상블이요! 푸치니 음악이 왜 우리를 숨 막히게 하는지를 알 수 있는 순간입니다.

인태 2.2.1.4 앙상블의 내용도 간단히 각각 설명해주실 수 있나요?

주호 당연합니다! 처음의 이중창은 폐병이 깊어진 미미가 마르첼로에게 로돌포가 내가 남자가 있다고 의심하고 질투해서 우리는 어쩔 수 없이 헤어졌다고 이야기하는 장면입니다.

인태 음악적인 감상 포인트 없습니까?

주호 'O buon Marcello, aiuto!' 여기서부터 소프라노 미미의 드라마틱한 소리로 자신의 억울한 현실을 고백하는 멜로디는 정말 눈물 없이는 들을 수 없습니다.

인태 아니, 힘들고 아픈 미미를 왜 로돌포는 의심하는지 답답합니다.

주호 그 이유가 두 번째 이중창에 나옵니다. 마르첼로는 미미에게 이야기를 듣고 철없는 로돌포에게 제발 정신 차리고 미미를 이해하고 의심과 질투를 버리라고 멱살까지 잡는 이중창입니다. 그런데 여기서 반전이 있습니다. 사실은 로돌포는 미미가 폐병에 걸린 것을 알고 자신의 무능력에 비관하며 미미가 돈 있는 능력자를 만나길 바라는 마음에 거짓 질투로 이별을 고한 것입니다.

인태 로돌프의 배려였네요! 두 곡의 이중창으로 서로 진심을 확인하는 것이네요!

주호 마르첼로가 유일하게 두 사람의 진실을 알아서 중요한 역할을 하게 됩니다. 중간에서 마르첼로가 우정과 사랑의 교량적 역할을 하는 멋진 두 곡의 이중창입니다.

인태 그들은 서로 필요할 때 친구가 되어주네요.

주호 미미는 로돌포의 진심을 알고 서로 헤어질 것을 알지만 우리가 서로가 연약하고 필요한 시기이니 지금은 헤어지지 말고 꽃피는 봄에 자연스럽게 각자의 길을 가자고 합의를 합니다.

인태 진심을 아는데도 헤어지네요. 너무 아쉬워요

주호 미미의 아리아 '당신의 사랑에 나선 나는'(Donde. lieta usci al tuo grido d'amore)를 들으시면 알 수 있습니다.

인태 내용 소개 부탁드립니다.

주호 "사랑할 수 있게 한 당신 로돌포에게 감사하지만 난 다시 꽃을 수 놓기 위해 떠나갑니다. 안녕하다는 말에 화내지 말고 당신이 선물한 장미빛 모자가 있으니 추억으로 가지세요. 부디 안녕이란 말을 원망하지 마세요"라고 합니다. 가난으로 아무것도 해줄 수 없으니 지금은 서로 힘이 되고, 봄이 오면 각자의 길을 가자는 독창곡입니다.

인태 이 미미의 아리아가 이별을 합의하는 노래인줄 오늘 처음 알았습니다.

주호 로돌포와 미미의 음악이 끝나자 마자 정말 박자 맞추기 매우 힘든 사중창이 나옵니다. 여기에 정확한 가사로 봄에 헤어지자라는 로돌포와 미미의 노래가 나오고 마르첼로와 무젯따의 막장 헤어짐이 나옵니다.

인태 이 사중창이 프로들도 자주 틀린다는 앙상블인가요?

주호 네. 사중창은 두 이별이 나옵니다. 이 두 이별의 음악과 연출을 잘 표현해야 성공적인 무대가 되는 겁니다. 간단히 말씀드리면 미미와 로돌포는 이성적인 이별을 표현이고, 무젯따와 마르첼로는 막장 이별을 하는 사중창인 겁니다.

인태 사중창의 뜻도 간단히 부탁드립니다.

주호 미미와 로돌프는 '우리 헤어지는 건 돌아오는 봄에 헤어지자'(Vuoi che spettiam la primavera ancor?)의 노래는 서로의 사랑을 인정하면서 춥고 힘든 겨울에 헤어지지 말고 봄에 헤어지자는 것입니다. 화가 난 마르첼로는 무젯따가 일로 카바레에서 다른 남자와 노닥거리는 것을 질투합니다. 매번 싸움으로 믿음에 금이가서 지금 당장 헤어지자는 사중창입니다. 사실! 모두 다 가난! 가난에서 나온 비극입니다.

인태 이 어렵고 복잡한 내용과 음악을 간단하게 정리가 되었네요. 역시 교수님의 해석은 최고입니다.

인태 교수님! 3막도 끝이 났네요. 두 커플이 헤어지고난 후가 너무 궁금한데요. 빨리 4막으로 들어가주세요!

주호 4막은 1막의 장소와 똑같은 젊은 예술가들의 작은 다락방입니다. 봄이 찾아와서 화가 마르첼로와 시인 로돌포는 헤어진 후에 다락방에서 무젯따와 미미를 생각하면서 그림을 그리고 시를 쓰고 있습니다.

세계적인 테너 쥬셉뻬 자코미니(로돌포 역) 선생님과 필자(마르첼로 역)의
한국 투어 콘서트 리허설 장면

출처 : 저자 제공

인태 이별 후에 그들은 그리움이 있지만 일상으로 돌아왔네요.

주호 4막도 푸치니는 시작하자마자 마르첼로와 로돌포의 각자 헤어진
애인을 그리워하는 이중창으로 시작합니다.

인태 내용 설명을 부탁드립니다.

주호 마르첼로가 '마차에서?'(in un coupe'?)로 시작합니다. 헤어진 애인의
안부로 서로 놀리면서 "네 애인은 잘 지내고 있으니 걱정마라" 하며
애써 괜찮은 척합니다. 작업은 하지만 화를 참지 못한 마르첼로가
'망할놈의 붓'(Che infame pennello)을 외치고 시인 로돌포도 '빌어먹을
펜이여'(Che penna infame!)를 외칩니다. 똑같이 붓과 펜을 던지고 정
말 유명한 이중창 '미미는 돌아오지 않네!'(O Mimi tu piu non torni)를
옛 애인을 생각하면서 노래합니다.

예술의전당 기획 오페라 〈라 보엠〉 공연 중인 우주호(마르첼로 역)

인태　정말 대중들이 좋아하는 이중창인 것 같습니다.

주호　네! 푸치니는 그리움의 아름다운 선율을 각각 진실되게 고백하도
　　　록 작곡했고, 이중창이 끝나고 오케스트라 후주에 바이올린 솔로
　　　의 아름다운 소리는 잊을 수가 없습니다! 정말 두 사람의 모든 감
　　　정을 잘 표현하고 있습니다. 후주의 힘을 느낄 수 있는 좋은 기회입
　　　니다.

인태　그들만의 진실된 사랑을 아름다운 현악기의 연주로 마무리했네요.
　　　그런데 다른 두 형제 바리톤 쇼날드와 베이스 꼴리네는 어디에 있
　　　나요?

주호　아름다운 이중창 바이올린 후주 솔로가 끝나고, 바로 두 사람은 샴
　　　페인과 빵을 들고 점심을 같이 먹으려고 들어옵니다. 그리고 늘 그
　　　랬듯이 행복한 그들은 서로 농담도 하고, 귀족의 흉내와 결투장면

의 영웅놀이를 연출하면서 장난치고 웃으면서 점심을 준비합니다.

인태 의리파 보헤미안 네 친구들은 점심 한번 먹는데도 스토리가 있네요. 정말 세상의 부러울 게 없는 친구들이네요!

주호 그들은 정말 행복한 사람들입니다! 작은 것으로도 너무너무 행복해하는 소확행의 가난뱅이 예술가들이지요! 그런데 그들의 놀이는 아직 끝나지 않고 댄스 파티가 시작되는데 정말 재미있고 코믹합니다. 푸치니의 보헤미안적인 표현이 다 나옵니다.

인태 남자 네 명이 춤을 춘다고요?

주호 음악가 쇼날드가 새로운 아이디어로 '이제 무용에 관한 걸 하실까요?'(Azion coreografica allora?) 하며 춤을 제안합니다.

인태 즐거움, 행복, 그리고 우정이 뚝뚝 떨어지는 다락방입니다.

주호 가봇또(Gavotta), 미뉴에또(Minuetto), 하바넬라(Pavanella), 판단고(Fandango) 그리고 카드리유(Quadriglia) 등 다섯 종류의 춤을 소개합니다. 마지막 카드리유 춤으로 마르첼로와 로돌포가 한 팀이 되고 쇼날드와 꼴리네가 짝이 되어 춤을 춥니다. 그러다가 로돌포가 여자로 변장을 하고 춤을 추는 마르첼로의 엉덩이를 추행할 때 칼을 뽑아서 응징하면서 대혼잡의 싸움이 일어납니다.

인태 별 것 아닌데 정말 순수하고 즐겁게 놀이를 하네요! 너무 사랑스럽네요. 저도 이렇게 천진난만하게 놀고 싶습니다.

주호 언젠가부터 우리가 이런 작은 행복을 잊은 것 같습니다. 이런 행복한 점심시간에 그들만에 활기차고 즐거운 우정의 시간에서 소프라노 무젯따가 들어와서 "미미 왔어요"라고 말해 분위기는 반전됩니다.

인태 　드디어 두 여인이 급하게 들어오는군요. 무슨 일이 있나요?

주호 　무젯따는 자작 직위의 귀족 후원자로부터 도망친 미미를 이리저리 찾다가 길에서 쓰러진 미미를 발견하고 갈 데가 없어 여기에 왔다고 마르첼로에게 이야기합니다.

인태 　그 자작이 미미를 학대했네요!

주호 　네! 무젯따는 미미를 마르첼로에게 맡기고 커피나 술을 미미에게 주라고 부탁합니다. 하지만 아무 것도 없는 가난의 예술가들은 "없다"라는 말을 하면서 하염없는 좌절감에 빠집니다. 여기서 가난함으로 아무것도 할 수 없는 인간의 마음을 음악적으로 표현하는데 정말 소름이 돋을 정도입니다.

인태 　그래도 미미에게는 친구들이 있네요! 감사한 일입니다.

주호 　그럼요! 로돌프는 아픈 미미를 침대에 눕히고 "보고 싶었고 사랑한다"라고 하면서 서로 재회를 하고 다른 친구들에게 인사를 합니다. 여기서 제가 개인적으로도 제일 좋아하는 아름답고 감동의 선율이 나옵니다. 죽기 직전에 친구들의 얼굴을 보면서 하는 미미의 유언과 같은 음악, '안녕, 마르첼로, 쇼날드 그리고 꼴리네. 모두모두 잘 있었지. 그리고 모두 나를 위해서 웃어주네'(Buon giorno, Marcello, Schaunard, Colline...buongiorno Tutti qui, tutti qui sorridenti a mimi). 이 노래는 정말 감동입니다. 저도 무대에서 미미가 나를 부를 때마다 울컥

합니다.

인태 교수님이 무대에서도 울컥한다고 하시니 얼마나 감동적인지 실감이 납니다.

주호 미미가 마지막으로 "모두 나를 위해서 웃어주네" 하는 부분은 정말 눈물이 나요.

인태 마음을 추스르시고 계속 우리를 위해 오페라 〈라 보엠〉 이야기를 해주세요.

주호 진심으로 사랑과 우정을 나눈 그들은 죽어가는 미미를 위해 무젯따는 자기의 가장 귀한 귀걸이를 팔아서 차가운 미미의 손을 위해 토시와 약을 사러 나갑니다. 꼴리네는 자기의 가장 귀한 것이고 항상 입고 다니던 외투를 전당포에 맡기면서 마지막 작별의 노래 '들어라. 나의 오래된 외투야'(Vecchia zimarra,senti.)를 부릅니다.

인태 정말 각자 가장 귀한 것을 미미을 위해 내어놓는군요.

주호 꼴리네의 외투의 노래는 "넌 권력과 돈 앞에서도 숙이지 않았고 그 많은 기쁜 시절들을 나와 함께 했으니 이제 작별의 시간이 왔도다"라는 가사입니다. 이렇게 노래를 부르면서 미미의 마지막의 가는 길에 보탬을 합니다.

인태 외투의 노래가 이렇게 감동적인 노래인 줄은 몰랐습니다.

주호 이 노래도 정말 베이스 성악가 선생님들이 어려워하는 노래입니다. 짧은 아리아이지만 삶의 깊이가 있는 가사를 표현하려면 엄청난 집중력이 필요합니다.

인태 숭고한 우정과 사랑입니다!

주호 지금부터는 정말 눈물이 쏟아지고 감동이 밀려옵니다. 푸치니의 최고조의 음악적 표현이 지금 나옵니다. 저는 이 음악이 오페라 〈라 보엠〉 중 가장 아름다운 부분이 아닌가 싶어요. 로돌프와 미미는 둘이 남아서 부르는 미미의 첫마디입니다! '친구들은 다 나갔나요? 저는 당신과 같이 있고 싶어서 자는 척 했어요. 나는 당신에게 드릴 말씀이 너무 많아요. 바다 같이 깊고 끝나지 않을 만큼이요! 바로 그 말은 당신은 나의 사랑이고 나의 인생이고 나의 전부입니다!'(Sono andati Fingevo di dormire perche volli con te sola restare Ho tante cose che ti voglio dire. o una sola, ma grande come il mare. come il mare profonda ed infinita...Sei il mio amore e tutta la mia vita!) 이런 마지막 사랑의 고백을 합니다.

인태 이 음악 저도 기억이 납니다. 정말 엄숙해지고 나의 감성이 흔들리는 푸치니의 주옥같은 음악인 것 같습니다! 정말 〈라 보엠〉은 최고의 멜로디가 여러 군데 있는 것 같아요.

주호 주옥 같은 멜로디가 너무 많아서 대중에게 사랑을 받는 것 같습니다. 신께서 푸치니에게 감성을 주지 않으면 이런 감성적 선율이 어떻게 나오겠습니까? 푸치니의 〈라 보엠〉은 신의 선물이라고 생각합니다!

인태 "오페라 〈라 보엠〉은 신의 선물이다!"라는 말이 너무 감동되네요.

주호 미미의 마지막 유언과 같은 고백의 대답에 로돌포는 '그래. 미미. 너
는 나의 아름다운 미미야, 당신은 아침의 태양빛처럼 아름다워'(Ah,
Mimi mia bella Mimi!..... Bella come un'aurora)라고 합니다.

인태 아! 감동이고 눈물이 나네요.

주호 로돌포는 미미가 남긴 미미 모자(Cuffietta)를 보여주면서 처음 만남
을 미미와 추억합니다. 미미는 잃어버린 열쇠를 통해 손을 잡는 로
돌포의 따뜻한 손을 기억하면서 사랑을 고백, '차가운 작은 손'(Che
gelida manina)을 부르면서 행복해 합니다.

인태 미미가 그 노래를 부르는 장면을 생각하니 참 마음이 아픕니다.

주호 미미를 위해 필요한 것을 구하러 간 친구들이 다시 돌아왔지만 미
미는 친구들을 멀리하고 저 먼 여행을 떠나고야 맙니다. 하염없이
슬픈 로돌프는 미미의 죽음 앞에서 마지막으로 미미의 이름을 절
규하며 부르면서 대단원의 막이 내립니다! 여러분에게 마지막으로
무젯따의 기도문을 남기고 6명의 보헤미안의 사랑과 우정의 이야
기를 마치려고 합니다.

축복의 성모 마리아여,

(Madonna benedetta,)

이 불쌍한 이 여인을 죽지 않도록 살펴주세요.

(fate la grazia a qusta poveretta che non debba morire...)

성모 마리아여 제발 병이 회복되게 하소서.

(E che possa guarire. Madonna santa,)

나는 용서받을 자격이 없지만 미미는 하늘에서 온 천사이니 꼭 살려주세요.

(io sono indegna di perdono, mentre invece Mimi e un angelo del cielo.)

인태 정말 우리가 여러 번 들었던 푸치니의 〈라 보엠〉이지만 가사를 통해서 다시 보니 정말 그들의 사랑과 우정은 숭고하다는 생각이 듭니다. 교수님, 감사합니다.

Opera 02 | 오텔로(Otello)

〈오텔로〉 한눈에 보기

1. 오페라 〈오텔로〉의 첫 번째 제목은 '이야고'였습니다.
2. 쥬셉뻬 베르디(Giuseppe Verdi)는 수에즈 운하 개통 기념으로 〈아이다〉를 작곡하고, 대인기피증으로 은둔생활을 하다가 16년 만에 다시 〈오텔로〉를 작곡했습니다.
3. 〈오텔로〉는 손수건으로, 오페라 〈토스카〉는 부채로 나쁜 짓을 저질렀습니다.
4. 바그너의 영향을 받아서 성악적인 요소에서 관현악적인 기법을 많이 도입했습니다.
5. 베르디는 〈오텔로〉에서 이야고를 나쁜 사람이 아닌 악마로 표현했습니다.

작가 : 이윤이, 제목 : 오텔로

질투가 불러온 비극

인태　오늘도 우주호 교수님께 오페라 이야기를 들어보겠습니다.

주호　여러분, 반갑습니다. 여러분을 위해 잊지 못할 오페라 작품을 가지
　　　고 왔습니다.

인태　오늘도 기대가 됩니다. 교수님 바로 들어갈까요?

주호　이 오페라를 재미있게 들으시려면 질투라는 단어를 알아야 합니다.

인태　질투는 많이 하면 사고가 나는데! 질투의 오페라가 뭐가 있을까요?

주호　질투와 의심으로 인해서 죽음에 이르는 오페라를 여러분께 소개하
　　　려고 합니다.

인태　질투는 젊을 때 조금만 하면 사랑의 활력소가 되는데, 많이 하면 안
　　　된다는 것을 이 작품을 통해 배우시길 바랍니다. 작곡가가 누구인
　　　지 말씀해주시면 제가 맞춰 보겠습니다.

주호　천재 이탈리아 작곡가 쥬셉뻬 베르디(Giuseppe Verdi)입니다. 이분의
　　　후기작품이기도 합니다.

인태 알겠습니다. 〈오텔로〉이지요?

주호 역시 인태 선생님은 최고의 오페라 전문가입니다.

인태 이 모두 다 선생님의 은혜입니다. 정말 감사합니다! 정말 대작 중에 대작 아닙니까? 저도 정말 좋아하는 작품입니다. 그리고 이 오페라 〈오텔로〉가 교수님과 특별한 연인이 있다고 들었습니다.

주호 네, 맞습니다. 제가 가장 열심히 공부한 오페라이고 가장 많이 무대에서 연주한 오페라이기도 합니다.

인태 사실 한국 출신 중에 최고의 바리톤 이야고가 누구냐고 물으신다면 우주호라고, 저는 주저함 없이 말씀드리겠습니다!

주호 부끄럽습니다. 이 오페라 〈오텔로〉를 수십 회 공연한 것은 사실입니다. 솔직히 말씀드리면 저의 출세작이라고 볼 수 있습니다.

인태 교수님께서 국립오페라단에서 1998년에 〈오텔로〉로 데뷔할 때 객석에 있는 모든 사람이 경악했고, 무대에서 교수님의 연기력과 성악적인 피아노기술로 야비하게 표현하여 인격까지 의심받았다고 이야기를 들었습니다.

주호 제 아내가 "여보 정말 미워 죽겠다"라고 표현하는 것을 듣긴 했습니다.

인태 그만큼 교수님의 이야고가 훌륭했던 거겠지요! 한마디로 대한민국 역사의 최고의 이야고이십니다.

주호 부족한 제 이야고 표현을 들어보시고 많은 분이 칭찬해주셔서 다시 한번 감사드립니다! 그 후에 한국의 〈오텔로〉 데뷔를 발판으로

국립오페라단 오페라 〈오텔로〉 우주호 출연(이야고 역)

유럽에서 〈오텔로〉로 많은 공연의 기회를 얻었습니다.

인태　늦었지만 축하드립니다. 이제 오페라 이야기로 들어가 보겠습니다.

　　　먼저 〈오텔로〉는 셰익스피어 작품 아닌가요?

주호　셰익스피어 5대 비극 중 하나입니다!

인태　셰익스피어의 5대 비극이 뭐지요?

주호　〈햄릿〉, 〈리어왕〉, 〈맥베스〉, 〈로미오와 줄리엣〉 그리고 〈오텔로〉입

　　　니다. 모두 다 오페라로 옮겼지만, 우리에게 잘 알려진 곡은 〈로미

　　　오와 줄리엣〉과 〈맥베스〉 그리고 〈오텔로〉입니다. 작곡가 베르디는

　　　〈오텔로〉, 〈맥베스〉, 〈리어왕〉을 오페라로 작곡을 했습니다. 그런데

　　　그 당시 〈오텔로〉를 오페라로 작곡을 할 때 제목을 '이야고'로 먼저

했다고 합니다.

인태 이유가 뭔가요?

주호 대본 때문입니다. 처음 대본에 야비하게 쓰인 이야고를 보고 '이야고'라고 지은 것입니다.

인태 다른 분도 〈오텔로〉를 작곡했다면서요?

주호 〈오텔로〉로 두 분의 이탈리아 작곡가가 작곡을 했습니다.

인태 네? 누구누구지요?

주호 〈세빌리아 이발사〉로 우리에게 잘 알려진 조아키노 롯시니(Gioacchino Antonio Rossini)와 베르디입니다.

인태 롯시니는 오페라 부파(Opera buffa, 코믹 오페라를 뜻함)를 많이 작곡하셨는데 비극 〈오텔로〉를 지으셨다 하니 놀랍습니다. 성향이 다른 두 분이 한 작품을 오페라로 작곡했다고 하니 흥미롭습니다. 그리고 작곡가 베르디의 음악 입문이 궁금합니다.

주호 두 분의 〈오텔로〉 비교는 나중에 간단히 설명해드리고요. 베르디의 음악적 입문을 먼저 소개하겠습니다. 베르디 아버지의 친구 중 재력가인 바레찌(A.Barezzi)가 베르디의 음악적 재능을 뒤늦게 발견해 후원하면서 음악을 시작했습니다. 늦게 시작해서 음악학교도 낙방했지만, 끝까지 공부해 모차르트와 대등한 세계적 작곡가가 된 것입니다.

인태 나중 된 자가 최고가 되었군요.

주호 심지어 이탈리아 밀라노에 있는 국립음악원 이름이 '베르디'입니다.

인태 정말 대단하십니다. 그럼 〈오텔로〉가 작곡된 배경도 부탁드립니다.

주호 〈오텔로〉의 시작은 이렇게 됩니다. 베르디의 친구였던 유명한 대본 가이자 작곡가인 아리고 보이토(Arrigo Boito)의 강력한 권유에서 작품이 탄생했습니다. 베르디는 수에즈운하 개통 기념으로 〈아이다〉를 작곡하고 대인기피증으로 은둔생활을 하고 있었습니다. 유일하게 함께하는 친구인 극작가 보이토는 작곡을 그만둔 베르디에게 강력한 권유로 16년 만에 다시 작곡을 시작해 〈오텔로〉가 탄생했습니다. 사실 베르디도 나이도 드셨고 힘이 없어서 작곡을 포기한 상태인지라 처음에는 거절했으나, 한 가지 중요한 이유로 작곡이 시작했다고 합니다. 그 이유는 사랑하는 아내와 출판사 대표인 친구 리코르디(Ricordi)의 권유입니다.

인태 무슨 권유지요?

주호 그들은 대본가 보이토가 쓴 〈오텔로〉 대본을 본 순간 롯시니의 〈오텔로〉 대본보다 더 좋다고 강력히 권유한 거지요.

인태 어떤 부분이 좋은 평가를 받았나요?

주호 롯시니의 〈오텔로〉는 오텔로 중심의 대본인데 보이토가 쓴 대본은 이야고 중심의 극적 진행으로 잔인하고 야비한 부분이 다르다고 베르디에게 권유했습니다. 그래서 〈오텔로〉가 작곡이 시작되었다고 합니다.

인태 〈오텔로〉의 초연에 대해서 조금 알고 싶습니다.

주호 1887년 2월 5일 이탈리아 스칼라 극장에서 전설의 테너 타마뇨
(Francesco Tamagno)가 〈오텔로〉 공연해서 대성공한 후 15개 극장을
순회할 정도로 극찬을 받았다고 합니다.

인태 대성공을 거두었네요.

주호 베르디는 70세가 넘는 고령으로 7년 동안 오페라 〈오텔로〉를 작곡
했습니다. 독일 작곡가 바그너(리하르트 바그너, Richard Wagner)의 관현
악기법과 이탈리아의 자유로운 성악적 선율 그리고 베르디만의 소
박한 표현과 과감한 극적인 진행이 강조된 새로운 〈오텔로〉가 탄
생한 것입니다.

인태 이런 새로운 베르디 작곡기법이 초대박 성공 요인이었네요.

주호 당시 〈오텔로〉의 초연은 16년 만의 왕의 귀환이 되었고, 그날 모든
관객은 집으로 가지 않고 베르디가 있는 호텔에 가서 환호했다고
합니다.

인태 이번도 마찬가지로 오페라 〈오텔로〉를 간단히 설명하면 무엇입니까?

주호 질투와 의심으로 인해 사랑하는 사람을 살인하는 비극의 오페라입
니다.

인태 셰익스피어의 문학인 〈오텔로〉는 알지만, 오페라 〈오텔로〉도 너무
나 궁금하군요. 교수님, 아주 멋진 설명 부탁드립니다. 그리고 교수
님께서 이 작품을 대한민국에서 가장 많이 했다고 이야기 들었습니
다. 과연 몇 번이나 무대에서 이 〈오텔로〉를 연주 공연하셨나요?

주호　1998년 처음으로 지금까지 48번의 〈오텔로〉의 이야고 역할을 했습니다. 정말 운이 아주 좋았습니다.

인태　당일 결과가 좋았겠지요? 제가 인터뷰를 한번 찾아봤는데 유럽의 권위 있는 최고의 오페라 잡지 〈오픈 벨트〉에서 '베르디가 원하는 이야고를 구사한 한국의 최고의 바리톤'이라고 극찬을 받으셨더라고요. 정말 한국 사람으로서 너무나 자랑스럽습니다. 오페라의 본고장에서 〈오텔로〉의 이야고로 찬사를 받았으니 대한민국을 대표하는 바리톤으로서 손색이 없으십니다.

주호　감사합니다! 더욱 열심히 하겠습니다. 자! 본연의 자세로 돌아와서 그 현장경험을 잘 기억해서 여러분들에게 상세하게 설명해드리겠습니다. 기대하셔도 좋습니다.

대전 예술의전당 기획 오페라 〈오텔로〉 우주호 출연(이야고 역) (좌)
국립오페라단 오페라 〈오텔로〉 우주호 출연(이야고 역) (우)

출처 : 저자 제공

대구시립오페라단(좌), 독일 Flenzburg극장(우) 〈오텔로〉 우주호 출연(이야고 역)

출처 : 저자 제공

인태 〈오텔로〉의 특이 사항이 있나요?

주호 〈오텔로〉의 문학적 요소는 제가 굳이 설명해드리지는 않겠습니다.
앞서 〈오텔로〉가 처음에는 이야고라는 제목이었고 나중에 〈오텔
로〉로 바뀌었다는 사실을 말씀드렸습니다. 그리고 베르디가 그때
당시 음악적으로 바그너에게 영향을 받아 작곡을 했을 때이므로
성악적인 요소보다 관현악적 요소로 많이 표현된 오페라 중에 오
페라입니다. 그리고 문학적인 깊이를 잘 살리기 위해서 굉장히 심
도 있는 화성과 내면적인 선율을 많이 사용했습니다.

인태 지금부터 오페라 이야기로 들어가주시겠습니까?

주호 먼저 출연진에 대해서 말씀드리겠습니다.
주역　테너인 오텔로는 무어인으로, 베네치아 공화국의 덕망이 높
은 대장입니다. 그래서 베니스 기득세력으로부터 시샘을 받고 있습

니다.

주역 소프라노 데스데모나는 베니스 귀족의 딸이고 순수하며 누구보다도 오텔로를 사랑하는 여인입니다.

주역 바리톤 이야고는 오텔로의 기수이고 악인 중에 악인이며 손수건으로 오텔로를 파멸로 빠트리는 역할입니다. 테너 카시오는 오텔로의 부관입니다. 한 여인 비안까에를 사랑하는 순수하고 정직한 부관이나, 술로 인생을 망쳐버리는 역할입니다.

바리톤 몬타노는 키프로스 총독이고 술 취한 카시오의 칼에 맞는 역할을 합니다

메쪼소프라노 아멜리아는 데스데모나의 시녀인데, 남편 이야고의 협박에 데스데모나의 손수건을 이야고에게 빼앗기는 실수를 하지만 나중에 다 고백을 하는 역입니다.

테너 로데리고는 베니스의 젊은 멋쟁이 신사이면서 데스데모나를 짝사랑하고 오텔로의 파멸을 원하는 역할입니다.

그다음으로 베이스 로드비고는 베니스 특사이고 오텔로가 질투와 의심병에 빠져 데스데모나를 핍박하는 현장을 지켜봅니다. 마지막으로 베이스 전령으로 구성되었습니다.

인태 출연진이 총 9명으로 구성되었네요.

주호 〈오텔로〉는 4막으로 구성되어 있습니다. 출연진의 소리 성격을 조금씩 설명해드리겠습니다. 먼저 베니스 장군인 테너 오텔로가 있습니다. 테너의 가벼운 소리가 아니고 드라마틱한 소리로써 굉장히

힘이 세고 성질이 급하며 전쟁의 개선장군으로 엄청난 존경받는 장군입니다. 그러나 간질병이 있는 병자이기도 합니다.

바리톤 이야고는 악마의 기질을 소유했기 때문에 드라마틱한 소리와 발성적인 작은(Piano) 소리기술을 아주 잘 표현해야 하고, 부관 카시오 자리를 탐내서 항상 불만에 가득찬 악한 자입니다.

카시오는 비안까에를 사랑하는 테너이면서 오텔로의 부관으로서 가장 신임받고 정직한 군인입니다. 그러나 이야고가 만든 계략에 빠져 이용을 당하는 사람이라 가벼운 테너인 레제로 테너가 하는 역할입니다. 테너 로드리고는 베니스의 신사로 흑인 오텔로가 순수한 데스데모나를 사랑하는 것이 못 마땅해 합니다. 오텔로를 싫어하고 데스데모나를 소유하기 위해 이야고의 거짓말에 속는 어리석은 사람이기도 합니다.

인태 아니 왜 결혼한 데스데모나를 좋아하지요? 그건 죄가 아닌가요?

주호 그건 사회적 배경이 있습니다. 그 당시 베니스는 유럽에서 가장 잘 사는 최초의 상업 도시국가였기 때문에 이 부와 도시를 지키기 위해 흑인인 무어인을 용병으로 고용을 했던 상황입니다.

인태 혹시 고용된 무어인 오텔로가 승리함으로써 베니스인 기득권들이 그를 견제하는 사람 중 로드리고가 있는 것입니까?

주호 맞습니다. 용병 무어인과 베니스 세력들 간에 문제가 생긴 상태였기 때문에 로드리고는 베니스 최고의 미인 데스데모나가 오텔로와 결혼한다는 것이 용서가 안 되는 상황인 것입니다.

인태 아! 로드리고는 작은 역할이지만 정말 중요한 출연진이네요! 공부가 많이 되고 있습니다. 교수님! 감사합니다. 다음 소개 부탁드립니다.

주호 그 다음은 질투와 의심의 희생자 리릭(Lyric, 서정적인) 소프라노 주인공 데스데모나입니다. 그녀는 베니스의 부유한 집안에서 태어났고, 진심으로 오텔로만을 사랑한 아내입니다. 그러나 카시오가 불쌍해서 남편에게 용서를 권유하다가 죽음에 이르는 불운의 여인이기도 합니다.

인태 메쪼소프라노는 없나요?

주호 아주 중요한 역인 에밀리아가 있습니다. 그녀의 남편인 이야고에게 강요당해 오텔로가 데스데모나에게 선물한 손수건을 가져다주는 큰 사건을 일으키는 여인입니다. 이렇게 주요 스토리 안에 있는 역할들을 살펴봤습니다.

인태 출연자 설명만 들어도 대략 오페라 내용을 파악할 수 있네요.

국립오페라단 오페라 〈오텔로〉 김기찬(카시오 역), 우주호(이야고 역) 출연

출처 : 저자 제공

악마와 결탁한 이야고의 계략

인태 그럼 지난 시간에 이어 〈오텔로〉를 만나보겠습니다. 1막으로 들어
가 보실까요?

주호 오케스트라의 서막 없이 아주 급박한 상황으로 1막이 오릅니다. 첫
장면은 19세기 말에 비바람 폭풍우가 치는 키프러스섬 근해에서
터어키 함대를 격파한 승리의 오텔로가 섬으로 들어오는 장면입니
다.

인태 오텔로는 잘 도착하나요?

주호 오텔로가 탄 승리의 배는 잘 도착합니다. 인태 선생님! 이때 오페라
의 성패가 갈리는 장면이 나옵니다.

인태 저는 알고 있습니다! 오페라를 좋아하시는 분은 무조건 아시는 장
면이지요.

주호 맞습니다! 바로 승리한 오텔로의 드라마틱한 첫 소리, '기뻐하라!
교만한 이슬람군들을 침몰시켰다'(Esultate! orgolio musumano sepolto e

in mar)입니다.

인태 오페라 마니아들은 가슴을 졸이며 극고음의 드라마틱한 테너의 소리를 기다립니다.

주호 외국은 이 첫소리 듣고 바로 박수가 나와서 앵콜하는 경우도 있답니다.

인태 그렇군요. 저도 오텔로가 부르는 승리의 첫 노래가 귀에 쟁쟁합니다.

주호 폭풍 후의 무대가 끝나고 승리의 잔치가 벌어지는데 이야고는 불만에 찬 로드리고에게 이렇게 '가세, 정신 차리고, 때를 기다리면 된다'(Suvvia, fa senno, aspetta l'opra del tempo) 하며 부추기기 시작합니다.

인태 테너 로드리고가 오텔로의 아내인 데스데모나를 사랑한다는 사실을 이야고가 이용하는군요.

주호 이야고는 로드리고와 카시오에게 술을 먹여 실수를 유도하자는 술의 아리아, '로드리고, 마십시다 … 부관님, 술잔을 받으세요'(Roderigo,beviam…Qua la tazza, capitano)를 부릅니다. 여기서부터 사탄의 계략이 시작됩니다. 그리고 이야고는 마을사람들에게 축배의 노래, '목을 축이세'(Inaffia l'ugola)를 부르며 음주를 제안합니다. 카시오와 마을 전체를 술독에 빠지게 하려는 계획입니다.

인태 술을 먹여서 오텔로에게 실수하게 하려고 하는군요.

주호 맞습니다. 그리고 로드리고를 완전히 자기 손아귀 안에 넣으려는 계략이기도 합니다.

인태 축배의 노래에 대해서 간단히 설명해주세요.

주호 이야고의 아리아, 축배의 노래는 두 부분으로 나누어집니다. 카시
오를 술 취하게 하기 위해 로드리고에게 나쁜 계략을 지시하는 부
분과 합창단인 마을 사람들 선동하는 격동적인 선율로써 빠른 레
치타티보(Recitativo, 말하듯이) 성악기술을 구사하는 부분입니다. 이 노
래는 술의 신 바커스(Bacchus)를 찬미하고 다이나믹한 극고음과 악
의 기운을 소유한 소리를 표현해야 하는 아주 어려운 바리톤 노래
입니다.

국립오페라단 오페라 〈오텔로〉 우주호 출연(이야고 역)

출처 : 저자 제공

인태 이 노래 하나로 벌써 악의 기운이 보이기 시작하네요! 교수님 다른
질문이 있습니다. 부관 카시오와 장군 오텔로는 같은 테너인데 어
떻게 다른가요?

주호　100점짜리 질문입니다. 카시오는 가벼운 테너, 즉 레제로(Leggiero) 테너이고요. 그 반대로 오텔로는 드라마틱(Dramatico)한 테너 성부로 굉장히 찾기 힘든 테너라고 말씀드릴 수 있습니다.

　　　예를 들면 레제로 테너는 서정적이고 음악의 화려한 테크닉 기술이 필요한 모차르트나 롯시니 같은 오페라에서 역할을 하고 있습니다. 드라마틱한 테너는 강한 소리로, 성향이 바리톤과 비슷하고 레제로 테너와는 완벽하게 다른 발성법을 구사합니다.

　　　사실주의를 표현하는 푸치니, 베르디, 그리고 마스카니 같은 작곡가들이 만든 오페라에 나오는 역할을 담당합니다.

인태　테너인데 완전 다르다는 것을 오늘 여러분께 알려드렸네요!

주호　사실 오텔로는 드라마틱한 오페라의 끝판왕입니다! 재미있는 점은, 가벼운 테너가 고음을 잘 낸다고 드라마틱한 테너 오텔로를 여러 번 부르게 되면 목에 무리가 되어서 테너의 길을 포기하게 될 수도 있습니다.

인태　저도 테너라서 오텔로의 노래가 좋아서 한 번 불러보다가 목에 무리가 와서 당장 중단을 한 기억이 납니다.

주호　맞습니다! 테너 오텔로를 소화할 수 있는 성악가들은 국내외에 많지 않습니다.

인태　감사합니다. 다시 오페라 이야기하겠습니다. 교수님 설명 계속 부탁합니다.

주호 이야고가 부르는 바쿠스를 찬미하는 축배의 노래에 휘말려서 술에 취한 카시오는 자기를 저지하는 바리톤 몬타노 총독을 칼로 상해를 입힙니다. 그 일로 오텔로에게 직위해제를 당합니다.

인태 이야고의 계략이 성공했군요!

주호 이때 이야고가 노골적으로 사악함을 드러내는 딱 한 마디의 단어가 있습니다. "나의 승리다!"(Oh, mio trionfo!) 이 한 마디는 이야고의 모든 것을 볼 수 있는 2초짜리 음악입니다.

인태 집중을 안 하면 놓치기 쉽겠네요.

주호 그것도 숨어서 살짝 혼자 말입니다. 아주 잘 들어야 합니다. 이야고 역할을 맡은 성악가도 대중에게 잘 전달해야 합니다.

인태 〈오텔로〉 관람하실 때, 2초짜리 음악을 잘 표현하는지 꼭 지켜보시길 바랍니다!

주호 이 2초짜리의 바리톤 이야고의 표현이 끝나자마자 오텔로는 이 혼잡한 상황을 수습한 이야고를 칭찬합니다. 그리고 자신의 아내인 소프라노 데스데모나와 신혼 첫날 사랑의 이중창을 하게 됩니다.

인태 두 드라마틱의 사랑의 이중창 내용이 궁금합니다. 교수님, 간단히 설명을 부탁드립니다.

주호 무어인으로 최고의 자리까지 오른 오텔로가 아내 데스데모나에게 위안을 받는 사랑의 이중창입니다. 그 위안 속에서 서로 사랑을 확인하는 베르디 최고의 이중창입니다. 그리고 두 파트 모두가 성악의 발성기술과 음악성을 모두 갖추어야 감동을 잘 전달할 수 있습니다.

인태　어떤 기술이 요구되는 이중창인가요? 설명 부탁드립니다.

주호　사랑과 위로의 음악을 표현할 때는 부드럽고 아주 작은 소리
　　　(Pianissimo)로 표현해야 하고 과거의 격동적인 이야기를 할 때는 강
　　　한 소리를 표현해야 하는 참 어려운 오페라 이중창입니다.

인태　성악적인 작은 소리와 큰소리를 자유자재로 구사해야 하니 정말
　　　어렵겠군요. 그리고 굉장히 길지요?

주호　성악가들의 기량이 뛰어나면 긴 시간 이어지는 이중창이지만, 숨을
　　　쉴 수 없을 정도로 아름답게 느껴집니다.

인태　정말 오페라 〈오텔로〉 출연자들은 기량이 뛰어나야 하네요.

주호　이중창의 마지막 노래인 '입맞춤을…, 또 다른 입맞춤을…'(Un
　　　bacio…ancora un bacio)은 사랑과 비극을 동시에 이야기하면서 1막이
　　　끝이 납니다.

인태　이렇게 이야고의 첫 단계 계략인 카시오 제거가 성공하면서 1막이
　　　끝이 나는군요. 로드리고와 카시오를 거짓으로 모두 손에 넣는 바
　　　리톤 이야고의 음악적 표현이 무섭기만 합니다.

주호　작곡가 베르디가 왜 첫 제목을 '이야고'로 했는지 아시겠지요?

인태　원작자 대문호 셰익스피어에 견줄만한 베르디의 음악적 표현이 1
　　　막에 나왔고, 2막이 더 궁금해집니다.

주호　2막은 이야고의 악한 실체를 볼 수 있는 최고의 막입니다!

인태　흥분하지 않고 설명을 들어야겠네요.

주호 오텔로의 궁전입니다. 카시오는 직위 해제를 당한 후에 슬픔에 잠겨 있습니다.

인태 또 이야고가 가만히 있지 않겠네요.

주호 2막의 시작은 이야고가 카시오를 죽이기 위한 유혹의 선율 2중창 레치타티보와 악마를 숭배하는 이야고가 부르는 독백의 아리아로 시작합니다.

인태 바로 이중창으로 시작하는군요.

주호 바리톤 이야고와 테너 카시오의 이중창입니다. 이야고는 카시오를 향해 '스스로 학대하지 마라'(Non ti crucciar) 하며 거짓 위로를 합니다. 오텔로는 아내 데스데모나 말을 잘 들으니 빨리 가서 그녀를 설득해 도움을 청하면 문제가 해결될 것이라고 충고합니다.

인태 이거, 이야고의 계략 아닌가요?

주호 맞습니다! 카시오가 자신의 말을 듣고 데스데모나에게로 가는 것을 보고 유명한 이야고의 아리아가 시작됩니다.

인태 그 유명한 아리아는 '가거라! 너는 이미 망하고 있다'(Vanne! la tua meta gia vedo) 아닙니까?

주호 그렇습니다. 악마와의 대화를 표현한 바리톤 아리아인데, 테너인 인태 선생님께서 정확히 알고 계시네요!

인태 제가 학교에 다닐 때 모든 바리톤 학생들이 그 노래를 부르려고 고민했던 것이 기억납니다.

대전 예술의 전당 기획 오페라 〈오텔로〉 우주호 출연(이야고 역)

주호 맞습니다! 그만큼 이야고의 독백 아리아는 아주 중요합니다.

인태 아리아의 뜻과 음악 이야기 설명 부탁합니다.

주호 '자신의 모습 그대로 나를 창조하신 잔인한 신을 믿는다'(Credo in un
Dio crudel che m'ha creato simile a se)라고 당당하게 외칩니다. 내가 믿
는 신은 세상에서 가장 악을 행하는 신이고, 나는 악을 위해 태어났
으며 천국은 절대 없고 모든 것은 헛된 소리라는 악마 같은 노래입
니다. 자신이 원하면 카시오와 오텔로를 파멸 할 수 있다는 뜻이지
요!

인태 셰익스피어가 그린 인물의 성격이 파격적이네요.

주호 천재 베르디는 대문호 셰익스피어를 능가할 만큼 그 대본를 음악적으로 완벽하게 소화해 작곡했습니다. 사악함의 극치와 오만을 표현하기 위해 관악기를 사용합니다. 음악의 표현이 돌발적이고 노래 마지막에서는 연극적 요소를 살리기 위해 레치타티보 기법으로 '그리고 나면? 그 다음은? 죽으면 끝이야'(E poi? E poi? La morte e Nulla) 하며 사악함을 최고치로 표현합니다.

인태 관악기가 많은 반주이면 소리가 큰 바리톤 이야고가 노래를 해야 잘 어울릴 수 있겠네요!

주호 훌륭한 판단입니다. 정말 평정심을 갖고 불러야 하고 강한 소리와 부드럽고 간사한 소리를 잘 배합해 표현해야 합니다.
　　독백 아리아를 끝내면 이야고는 바로 과감하게 악마에게 도움을 청합니다. 그리고 카시오에게는 빨리 데스데모나에게 가서 도움을 부탁하라고 접근을 지시합니다.

인태 함정이지요!

주호 그럼요. 이야고의 계략입니다. 카시오가 직위 해제를 복귀해달라고 부탁하는 장면을 의도적으로 오텔로에게 보이게 하면서 질투와 의심을 유발하려는 계략입니다.

인태 그는 악마가 자신을 돕는다고 생각한다고요?

주호 네! 오페라 가사에 그 문장이 나옵니다. '사탄아 나의 결심을 도와라'(Aiuta satana il mio cimento), 이런 주문을 외우면서 이야고와 오텔로의 레치타티보 이중창 '아이쿠, 저런'(Cio m'accora)을 시작합니다. 오텔로에게 거짓말을 하기 시작하는 것입니다.

대전 예술의전당 기획 오페라 〈오텔로〉 우주호(이야고 역), 박지웅(오텔로 역) 출연

출처 : 저자 제공

인태 오텔로가 카시오가 데스데모나와 있는 장면을 안 봐야 하는데요! 교수님, 궁금한 게 있습니다. 레치타티보 이중창이라는 단어는 처음 들어봅니다. 설명이 필요합니다!

주호 일반적인 이중창은 서로의 감정을 선율적 멜로디로 앙상블을 하는 것입니다. 오페라 〈오텔로〉에서 말씀드린 레치타티보 이중창은 서로 대화를 통해 음악의 대립 구도를 구현하는 앙상블을 말하는 것입니다. 베르디는 이야고의 사악함을 더 표현하기 위해 이러한 대화적 음악 진행을 도입했습니다.

인태 베르디는 정말 위대하군요. 간단한 것을 특별하게 사용하는 능력이 있네요. 이야고와 오텔로가 레치타티보 이중창으로 나눈 대화는 무엇이었나요?

주호 이야고가 카시오를 이용해 오텔로에게 질투와 의심을 갖게 하는 내용입니다.

인태 이야고가 무섭습니다. 사실을 조작하네요!

주호 인태 선생님! 여기에서 베르디는 중앙정원에서 데스데모나가 어린 이들을 비롯한 섬사람들과 4월의 봄 향기를 만돌린 악기를 사용해 정말 순수하고 아름다운 대합창을 합니다.

인태 더욱 가슴이 아프네요. 데스데모나는 이야고의 계략을 모르고 카시오를 위해 오텔로에게 그를 용서하라고 하잖아요!

주호 평화로운 대합창이 끝난 후에 이어지는 손수건 사중창은 현역 오페라 가수들도 연습이 부족하거나 집중하지 않으면 순식간에 틀리는 예민한 곡입니다.

인태 손수건! 이거 중요한 단어 아닌가요? 이 오페라 〈오텔로〉에서 가장 중요한 곡인 것 같습니다.

주호 그렇습니다! 첫 번째 거짓말은 카시오를 데스데모나에게 접근시켜 오텔로의 질투를 자극하는 것이고, 두 번째 결정적인 거짓말이 이 손수건 사중창입니다.

인태 설명 좀 부탁드립니다.

주호 간단히 말씀드리면 이야고가 오텔로가 데스데모나에게 선물한 손수건을 가져가는 장면입니다. 음악적으로 두 감정의 선율이 대립하면서 진행됩니다. 데스데모나는 오텔로에게 카시오를 용서하라고 부탁하는 서정적인 선율이고, 또 다른 선율은 이야고와 메쪼소프라노 에밀리아가 레치타티보 형식으로 박진감 넘치게 대립하는 선율입니다. 이야고가 손수건을 강제로 탈취하는 명품 사중창입니다.

인태 그 손수건으로 또 나쁜 계략을 세우겠지요.

주호 이야고는 오텔로가 바닥에 던진 손수건을 에밀리아가 줍자 그것을 강제로 탈취합니다. '손수건을 카시오 집에 감추어서 부정한 증거품으로 삼겠다'(Con questi fili tramero la prova del peccato d'amor Nella dimora di Cassio cio s'asconda)라는 무서운 말을 하고는 사중창이 끝이 납니다.

인태 다시 정리합니다. 카시오를 통해 오텔로의 질투를 유발하고, 손수건을 통해 카시오를 궁지로 몰아넣는 작업인 거지요!

주호 아직 끝이 아닙니다! 이야고는 마지막 결정적인 거짓말을 하는데 기가 막힙니다. 카시오가 꾸지도 않는 꿈을 지어내어 오텔로의 질투와 의심을 지배하게 됩니다. 성악적인 모든 기법이 동원되는 이야고의 노래 '그날 밤에 카시오가 잘 때에'(Era la notte)라는 거짓된 꿈의 아리아입니다. 이 이야고의 아리아로 오텔로는 파멸의 길로 완전히 들어갑니다.

인태 정말 어려운 노래 아닌가요?

주호 네, 정말 어려운 노래입니다. 작은 소리에서 큰소리까지 그리고 몽환적인 발성법으로 엄청난 집중력을 요구하는 바리톤 노래입니다.

인태 내용을 간단히 알 수 있나요?

주호 한마디로 말씀드리면 거짓말입니다. 이야고는 오텔로에게 예전에 카시오가 잠속에 꿈꾸면서 '데스데모나여, 우리의 사랑을 들키지 않게 조심해요'(Desdemona soave! Il notro amor s'asonda Cauti veglimo)라는 사랑을 고백을 중얼대는 것을 봤다고 말을 합니다.

대전 예술의전당 기획 오페라 〈오텔로〉 우주호(이야고 역), 박지응(오텔로 역) 출연

출처 : 저자 제공

인태 오텔로에게 직접 이야기하는 거지요? 자기가 지어낸 꿈 이야기를요?

주호 그렇지요. 의심과 질투가 점점 쌓여가는 시점에서 간질병까지 있는 오텔로는 꿈일지라도 카시오가 이런 헛소리를 한다는 사실에 이성을 잃습니다. 이야고와 함께 맹세의 이중창을 노래합니다.

인태 '그래, 위대한 하늘에 맹세하나니!'(Si, pel ciel marmoreo giuro) 이중창이지요. 정말 다이나믹한 전율이 느껴지는 곡이지요?

주호 바그너적인 요소가 물씬 느껴지는 관현악이 강조된 곡입니다. 테너와 바리톤이 큰 오케스트라 소리를 뚫고 소리를 객석까지 전달시킬 수 있는 드라마틱한 성악가가 성공적으로 할 수 있는 최고의 이중창입니다.

인태 가사의 내용도 같이 설명해주세요.

주호 자신이 사랑의 증표로 데스데모나에게 준 손수건이 카시오 손에 있다는 말에 오텔로는 죽음과 어두운 멸망 앞에서 복수를 다짐합니다. 그리고 이야고가 무릎을 꿇게 될 오텔로를 조롱하면서 거짓 맹세의 노래를 하는 이중창입니다.

인태 이렇게 이야고의 악한 계략이 성공하며 2막이 끝이 나는군요!

주호 3막은 오텔로의 성 안 직무실에서 시작합니다. 이야고는 오텔로를 직무실에서 손수건으로 계속 자극해 데스데모나를 의심하게 만듭니다. 오텔로는 이야고의 이간질에 사로잡혀서 데스데모나와 갈등의 이중창, '신께서 당신을 지키십니다. 나의 영혼의 주인님(Dio ti giocondi. o sposo dell'alma mia sovrano!)을 부릅니다.

인태 이중창에 대해서 설명을 부탁드립니다. 굉장히 어렵고 내면적 표현이 절대적으로 필요한 노래라고 들었습니다.

주호 한마디로 데스데모나가 잃어버린 손수건과 카시오를 용서하라는 말에 굴복되어 그녀를 죽일 만큼 의심하게 하는 이중창입니다. 음악적 관점은 드라마틱한 두 사람의 소리가 부딪히는 극적인 앙상블이 일품입니다.

인태 교수님의 설명을 들어보니 정말 이 두 사람의 역할을 잘 하는 분을
　　찾기가 힘들 것 같군요.

주호 그럼요. 이중창 이후에 '신이시여 저를 떨어뜨리지마소서'(Dio mi
　　potevi scagliar)라는 음악으로 질투와 의심의 덫에 빠진 오텔로의 고
　　통을 처참하게 표현되어 있습니다.

인태 정말 저도 많이 좋아하는 음악입니다. 오텔로가 처절하게 깨어지는
　　모습의 노래인 것 같습니다.

주호 가슴을 부둥켜 잡으면서 '그러나, 오 눈물, 오 고통'(Ma, o pianto,o
　　duol!)이라며 노래하는 장면은 정말 안타깝습니다. 그리고 쓰러져가
　　는 오텔로에게 이야고는 카시오를 등장시켜 더 이상 빠져나올 수
　　없는 구렁텅이로 빠지는 삼중창을 합니다.

인태 오텔로와 이야고, 그리고 아무것도 모르는 카시오가 노래하겠네요.

주호 삼중창에서 이야고는 오텔로에게 뒤에 숨어서 우리의 이야기를 들
　　으라고 명령을 합니다. 그리곤 빠른 음악적인 진행으로 손수건을
　　이용해 오텔로를 자극합니다. 이야고의 연기력이 절대적으로 필요
　　한 삼중창이기도 합니다.

인태 숨어서 카시오의 말을 엿듣는 오텔로는 이제 어떻게 되나요?

주호 이야고는 두 가지로 오텔로를 파멸시킵니다. 카시오가 자기 애인
　　비안까에와 사랑 이야기를 하는 것을, 오텔로는 자기 아내 데스데
　　모나 이야기인줄 잘못 알고 질투합니다. 또 다른 하나는 바로 손수

건 한 장입니다.

인태 그 두 가지 이야고의 계략으로 오텔로는 고통을 받는군요.

주호 　오텔로는 '배반!'(Tradimento!)를 수차례 외치면서 쓰러지는데 원작보다 더 처참한 음악적인 표현으로 작곡되었습니다.

인태 이제 벗어날 수 없네요!

주호 베네치아 대사가 탄 군함의 도착 나팔소리가 들리면서 삼중창은 끝이 나고 이야고는 자신 있게 오텔로에게 '독으론 안 됩니다! 목을 졸라서 죽여야 합니다 그녀가 죄를 지은 침대에서요'(Il tosco no! va megli sofogarla La nel suo letto,La dove ha peccato) 하며, 데스데모나를 죽이라고 지시합니다.

인태 이제 오텔로는 더 이상 오텔로가 아니네요.

주호 머리의 통증을 호소하면서 오텔로의 분노는 베니스 특사인 로비고(Lovigo) 앞에서도 데스데모나의 머리채를 잡아서 바닥에 밀치는 수모를 줍니다. 이 고통으로 쓰러져 부르는 데스데모나의 노래는 '땅에 엎드려 진흙탕 속에서 엎드려 웁니다'(A terra si nel livido fango percossa io giacio piango) 하며 대합창과 함께 펼쳐집니다. 이 합창에 정말 베르디는 이야고의 철저한 악마의 계략을 음악적으로 숨 막히게 전개합니다.

인태 한번 정리해보겠습니다. 갈등의 2중창에서 오텔로의 처절한 독창 그리고 이야고의 손수건 3중창과 마지막 데스데모나의 처참한 모습과 오텔로의 추태에 놀란 군중의 대합창까지 단숨에 달려온 3막이네요.

주호 3막의 마지막 장면은 충격적인 장면으로 끝이 납니다. 사실 저도 이 장면을 무대에서 노래할 때마다 나쁜 욕망이 가슴을 치는 감정을 느낍니다.

인태 빨리 말씀해주세요.

주호 존경받는 베니스의 영웅인 오텔로는 간질병 증상으로 두통을 호소하면서 쓰러집니다. 여기서 이야고는 악마의 표정으로 '나의 독이 효과를 낸다. 이 사자 오텔로는 내 발 아래 있다'(Il mio velen lavora ....Ecco il Leone)면서 오텔로를 발로 짓누르며 3막은 끝이 납니다.

대전 예술의전당 기획 오페라 〈오텔로〉 우주호(이야고 역), 박지응(오텔로 역) 출연

출처 : 저자 제공

인태 정말 비극 중에 비극이네요! 이렇게 마지막 4막까지 왔네요. 이야고의 나쁜 짓을 보니 정말 답답하네요. 4막은 한마디로 말해주신다면요?

주호 비극을 표현하는 아리아의 향연입니다.

인태 교수님, 4막의 장소는 어딘가요?

주호 비운의 주인공 데스데모나의 방입니다. 질투와 의심에 늪에 빠져서 헤매는 오텔로의 발작에 데스데모나는 간절한 마음으로 두 곡의 아리아를 부릅니다. 한 곡은 버들(Salce)의 민요 아리아와 성모 마리아에게 간절히 기도하는 아리아입니다.

인태 소프라노 버들의 아리아와 성모 마리아, 이 두 곡을 간단히 설명해주세요.

주호 베르디는 두 노래를 같이 연결해 데스데모나의 죽음을 더 애처롭게 표현하는 천재성을 보여줍니다. 첫 소프라노 곡 버들은 한 하녀가 남자에게 버림받아서 부르는 영국풍의 민요곡이고, 다음 곡은 죽음을 예감하기라도 하듯이 '아베 마리아님. 죽음의 시각이 다가오네요.'(Ave Maria. nell'ora della morte) 하며 성모 마리아에게 간절히 노래하는 아리아입니다.

인태 불쌍합니다! 의심과 질투의 노예가 된 오텔로를 위해 죽음을 기다리며 간절히 부르는 아리아군요. 두 곡의 아리아가 연결된 형식은 아마도 처음인 것 같습니다.

주호 음악적인 감상 포인트를 간단히 두 가지 더 설명해드리면, 한 가지는 두 번째곡 마지막에서 '아베! 아멘!'(Ave! amen!) 하며 고음에서 간절하게 내는 아주 작은 소리가 이 노래의 승패를 가름합니다. 또 한 가지는 현악기들의 앙상블과 깊은 대화로 데스데모나의 종교적 고백을 표현하는 것입니다. 베르디 최고의 작품으로 꼽힐 정도입니다.

인태 촛불 앞에서 죽음을 기다리는 데스데모나의 모습이 생각납니다. 마음이 너무 아픕니다.

주호 범상치 않은 저음 현악기의 등장과 함께 오텔로와 데스데모나는 점점 죽음의 문턱으로 가는 갈등의 이중창을 부릅니다.

인태 교수님은 현장에서 오페라는 하신 분이시니까 평론가 선생님들께서 못 보시는 관점이 분명히 있지요?

주호 〈오텔로〉 오페라에서 많이 나오는 특이사항인데요, 데스데모나의 죽음의 이중창도 가사를 말하듯이 주고 받는 레치타티보의 음악 기법과 첼로와 더블베이스의 빠른 진행으로 살인에 이르는 죽음을 극대화한 현악기 움직임을 잘 듣기 바랍니다.

인태 이중창에서 데스데모나는 죽는군요.

주호 네! 급히 에밀리아가 들어와서 남편인 이야고가 이 모든 일을 꾸몄고 카시오와 데스데모나가 무죄임을 오텔로에게 밝힙니다.

주호 때늦은 후회를 하면서 오텔로는 아내 데스데모나를 부둥켜 안고, 자신이 전쟁에서 승리한 칼로 자살을 하는데, 〈오텔로〉의 최고의 마지막 아리아, '내가 칼이 있다고 염려 마세요. 내 인생이 끝이 났으니'(Niun mi tema s'anco armato mi vede)를 부릅니다. 이어 1막에서 사랑의 이중창으로 불렀던 '그대에게 입맞춤을 또 다른 입맞춤을'(Un bacio ancora Un altro bacio)을 노래하며 오텔로와 데스데모나는 손을 잡고 마지막 입맞춤을 하면서 죽음으로 사라집니다.

인태 잠깐만요, 악마의 자식 이야고는 어떻게 되나요?

주호 이야고는 아내인 아멜리아의 고발로 다른 도시로 도망치지만, 다른 도시로 가서도 똑같은 이간질을 하다가 몸이 찢어지는 형벌을 받아 죽게 됩니다. 질투는 의심을 부르고 결국 죽음에 이른다는 교훈을 이 오페라에서 볼 수 있습니다. 어리석은 질투가 한 순수한 여인의 삶을 빼앗아가는 실수로 이어지는 것을 보여주는 베르디 최고의 걸작입니다.

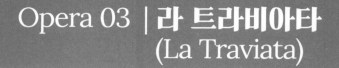

Opera 03 | 라 트라비아타
(La Traviata)

〈라 트라비아타〉 한눈에 보기

1. 해방 후 1948년에 우리나라 첫 서양 오페라로 초연된 작품입니다.
2. 당시 유럽 귀족 사교계의 타락상을 고발한 오페라입니다.
3. 한 작품에 가장 많은 대중에게 알려진 곡들이 작곡된 오페라입니다. 유명한 곡
   으로는 '축배의 노래', 'Parigio cara', 'E strano' 등이 있습니다.
4. 해방 직후 순수 한국 오페라 가수로 오페라를 만들었습니다.
5. 비올렛따가 죽기 전의 사육제 합창은 그녀의 숭고한 죽음을 통한 속죄와 새로운
   출발을 암시합니다.

작가 : 이윤이, 제목 : 라 트라비아타

새로운 출발, 사랑
그리고 해방을 기념해 초연되다

인태 바리톤 우주호 교수님 모시고 오페라 이야기 시작하겠습니다.

주호 안녕하십니까? 우주호입니다.

인태 교수님 오늘이 8월 15일입니다. 무슨 날일까요?

주호 광복절입니다.

인태 교수님께서 〈가곡다방〉이라는 작품을 하셨지요? 광복절이 주제
     라고 이야기를 들었습니다. 혹시 오늘 광복절의 의미를 담고 있는
     〈가곡다방〉을 소개해주실 건가요?

주호 아닙니다. 오늘은 오페라 읽어주는 남자로서 여러분을 위해 멋진
     오페라 작품을 가지고 왔습니다.

인태 기대가 됩니다 광복절과 관련 있는 오페라가 궁금해지는데 어떤 오
     페라인가요?

주호 〈라 트라비아타〉(La traviata, 춘희)입니다. 이 오페라의 주인공은 진실
     되고 순수한 청년이면서 멋진 테너 역할이고, 인태 선생님이 가장

국립중앙박물관 극장 '용' 〈가곡다방〉 우주호 출연

출처 : 저자 제공

잘할 수 있으니 꼭 저와 같이 출연하시길 기대합니다.

인태 교수님과 함께하는 오페라는 언제든 환영합니다. 감사합니다.

주호 오페라에서는 인태 선생님이 제 아들 역할이니 더 흥미롭습니다.

인태 네, 아버지. 하하. 그런데 이 〈라 트라비아타〉가 광복절과 관련이 있
나요?

주호 네. 아주 깊은 관련이 있습니다. 1945년에 광복을 맞이하고 1948
년에 〈라 트라비아타〉의 다른 이름인 오페라 〈춘희〉가 우리나라 최
초로 공연되었습니다. 대한민국 최초의 오페라 가수들이 머리를 맞
대고 새로운 출발, 사랑 그리고 대한민국의 해방을 기념하려고 기

획한 작품이었다고 합니다.

인태 광복 후에 최초의 오페라이고 강점기 때의 억울한 감정을 예술로 승화한 의미있는 오페라인데, 1948년 당시에 왜 춘희라고 불리웠나요?

주호 그 당시 한국문화는 아직도 일본의 영향 아래에서 벗어나지 않은 상태여서 일본식 표기로 춘희(春姬)라는 제목으로 소개되었습니다.

인태 춘희란 어떤 뜻인가요?

주호 봄 춘 그리고 꽃 희입니다. 동백꽃 아가씨를 말하는 것입니다. 일본 오페라 관련자들이 12월에서 4월까지 꽃이 피어있는 동백의 모습이 주인공 비올렛따와 비슷하다고 해서 춘희라는 제목이 붙여졌습니다.

인태 일본인들이 지어준 오페라 이름이네요. 우리는 어떻게 부르면 좋을까요?

주호 사실 원래 제목 그대로 〈라 트라비아타〉라고 부르는 것이 제일 좋은 것 같습니다.

인태 〈라 트라비아타〉는 어디서 공연이 되었나요?

주호 해방 직후 〈라 트라비아타〉는 일본인들이 가장 많이 다녔던 유명거리 명동에서 일본인들이 지은 명동 국립극장 시공관에서 공연되었습니다.

인태 굳이 〈라 트라비아타〉를 선택한 이유가 있나요?

주호 베르디의 라트라비아타를 한 마디로 정리하면, 한 여인의 열정적이

고 순수한 사랑이 죽음을 이기고 새로운 생명으로 승화된다는 뜻
이라서 선택되었다고 합니다.

인태 그때 당시에 일본인들이 우리나라에서 쫓겨나고 우리의 오페라인
들이 하나가 되어 우리의 힘으로 오페라를 올렸네요.

주호 우리나라는 서양의 오페라가 아주 생소한 상태였습니다. 오페라 1
세대 선생님들이 오페라의 기적을 만들어내신 겁니다.

인태 해방의 기쁨을 누리기 위해 3년 동안 준비해서 대한민국의 최초 서
양 오페라 〈춘희〉가 탄생했군요.

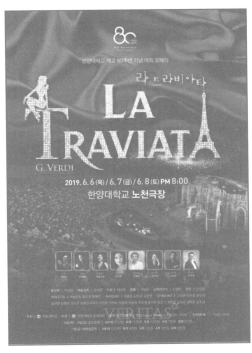

한양대학교 노천극장 오페라 〈라 트라비아타〉 우주호 출연(제르몽 역)

대구오페라단 창단 40주년 〈라 트라비아타〉 우주호 출연(제르몽 역)

출처 : 저자 제공

주호 맞습니다. 광복과 동시에 3년을 준비해 국민에게 오페라를 소개한
겁니다.

인태 교수님, 제가 명동을 자주 가보는데 오페라를 공연할 만한 극장이
있나요?

주호 예리한 지적입니다. 그때 당시 오페라 극장은 없었습니다. 다목적
공연을 다 할 수 있는 시공관 개념의 극장인 **명동국립극장**(최초 이름
은 명치좌)에서 했습니다. 지금의 명동예술극장입니다.

인태 한국 첫 오페라 〈라 트라비아타〉를 국립극장에서 했네요.

주호 해방의 기념이니 국립극장에서 하는 것이 의미가 있지요.

인태 〈라 트라비아타〉 첫 공연의 자세한 이야기 부탁드립니다

주호 주인공이신 테너 이인선 선생님께서 국제 오페라단을 창단해 오페
      라 〈춘희〉를 직접 기획, 제작하셨다고 합니다.

인태 그렇군요. 제가 궁금한 게 있습니다. 이인선 선생님은 어떻게 오페
      라를 아셨나요?

주호 이인선 선생님은 우리나라 1호 성악가이고 1934년에 이탈리아로
      간 유학파로서 한국 최초 오페라 가수입니다.

인태 그 당시에 이탈리아로 유학을 가셨다고요? 대단하시네요.

주호 이인선 선생님의 능력은 정말 대단했습니다. 1년 유학 동안 세계적
      인 테너인 마에스트로 께끼(Chechi)에게 배워서 이탈리아에서 실력을
      인정받았다고 합니다. 그리고 이분의 직업이 또 하나 더 있습니다.

인태 이인선 선생님은 전문 성악가가 아닌가요?

주호 전문 성악가 테너이면서 내과 의사이기도 합니다.

인태 대단한 분이시네요. 천재 엘리트이네요!

주호 네, 오페라 가수이면서 의술을 베푸는 의사입니다.

인태 저는 상상이 안 가요. 광복 이후에 3년이 채 안 되는 시간 동안 정
      말 테너, 소프라노, 바리톤 등 오페라 주인공이 가능했을까요? 합
      창단, 오케스트라는요? 어떻게 가능했을까요?

주호 혹시 소프라노 김자경 선생님을 아시나요?

인태 들어봤습니다. 김자경오페라단도 있잖아요.

주호 김자경 선생님이 우리나라 최초로 올려진 오페라 〈춘희〉의 여주인
공인 비올렛따입니다. 제가 학생 때 개인적으로 뵌 적도 있었습니다.

인태 그렇군요. 교수님, 그때 전 출연진을 말씀해주세요.

주호 최고의 캐스트로 이루어져 있습니다. 비올렛따는 김자경, 마금희,
알프레도는 이인선, 제르몽에 정영채, 옥인찬, 플로라 이열희, 안니
나 손윤열, 합창지휘는 이유선이십니다. 연출에 서항석 선생님이시
고, 성악가 현제명 선생님이 고려교향악단을 창단했고 지휘는 임원
식 선생님께서 하셨습니다.

인태 해방 직후 그 당시에 합창단과 오케스트라를 우리 힘으로 제작했
다는 것이 너무 자랑스럽습니다.

주호 우리나라에 일제 강점기가 있었어도 문화강국임을 천명하는 한국
최초 시연된 오페라 〈라 트라비아타〉인 것입니다.

인태 박수를 치지 않을 수가 없네요. 춘희가 이런 역사적 가치가 있다는
것에 성악가로서 자부심이 생깁니다.

주호 저도 그렇습니다.

인태 특별히 8월 15일 광복절에 오페라 춘희를 통해 성악가들이 애국
심을 전해드릴 수 있어 자랑스럽습니다. 이제 오페라 〈라 트라비아
타〉를 본격적으로 설명해주세요.

주호 이제부터 작품으로 들어가보겠습니다.

인태 교수님, 제목부터 궁금합니다. 〈라 트라비아타〉, 그 뜻이 무엇인가

요?

주호 그 뜻은 '길을 잘못 든 여인'이라는 뜻입니다.

인태 어긋난 사랑을 한 여인의 오페라인가요?

주호 한 매춘녀를 사랑한 시골 청년의 오페라 이야기입니다. 다시 말씀
     드리면 코르티잔이라는 직업을 가진 아름다운 한 여인의 막장 드
     라마입니다.

인태 코르티잔이 무엇인가요?

주호 상류사회 남성 사교계 모임에 초대되어 파티를 즐기는 직업여성이
     코르티잔입니다. 코르티잔 중에서 가장 유명한 비올렛따 발레리는
     뛰어난 미모와 문학, 음악적 재능 뿐 아니라 정치, 경제의 지식까지
     도 갖춘 다재다능한 여인입니다.

인태 일본의 게이샤처럼 상류층의 직업여성이네요.

주호 베르디는 여성의 인격이 낮았던 사회에서 기생 코르티잔의 오페라
     내용을 통해 하고 싶은 이야기를 담았습니다.

인태 그게 무엇일까요?

주호 상류층의 타락상을 고발하는 것과 직업여성의 가슴 아픈 사랑을
     통해 진실한 사랑의 미학을 알게 하는 것입니다.

인태 우리나라의 황진이 같은 느낌이네요?

주호 네, 그렇습니다. 언젠가 한국의 오페라 황진이가 세계적으로 사랑
     받는 날이 오길 바랍니다.

인태 처음 듣는 설명이 정말 재미있습니다. 소프라노 주인공 비올렛따

외에 어떤 출연진들이 나오나요?

주호 비올렛따를 사랑하는 테너 알프레도가 있습니다.

인태 이 테너 알프레도는 제가 좋아하는 역인데 언젠가 교수님과 함께 오페라 공연하고 싶습니다.

주호 저도요.

인태 남자 주인공 알프레도는 어떤 역할인가요?

주호 시골뜨기 귀족. 순수한 청년, 교육이 잘된 반듯한 아들, 열정의 남자 그리고 불나방 같은 고지식한 사랑꾼이라고 소개하고 싶습니다.

인태 머리에 속속 들어옵니다. 한마디로 멋진 사나이네요.

주호 성악가라면 누구나 이 알프레도 역을 하고 싶어할 정도로 매력적입니다.

인태 소프라노 비올렛따와 테너 알프레도를 소개하셨고, 그럼 바리톤 역할이 있겠네요?

주호 맞습니다. 바리톤의 제르몽은 알프레도의 아버지 역할입니다.

인태 교수님이 가장 잘하는 역할 아닌가요?

주호 부끄럽지만 운 좋게도 제르몽 역할을 할 기회가 많이 있었습니다. 할 때마다 힘든 역할입니다. 이 역할은 발성적으로 바리톤의 교과서라고 배웠고, 많은 훌륭한 바리톤들이 좋아하면서도 어려워합니다.

인태 이 바리톤 제르몽 역을 잘하시는 성악가를 찾기 힘든 것으로 알고 있습니다. 자! 그럼 다른 역 소개 계속 부탁드립니다.

주호 비올렛따의 가장 친한 후견인 메쪼소프라노 플로라입니다. 플로라도 파리 상류층의 고참 코르티잔이고, 비올렛따를 사교계에 데뷔시킨 사람입니다.

인태　교수님, 오페라 〈라 트라비아타〉에서 테너 알프레도 외에 다른 테너도 있지 않습니까?

주호　있습니다. 아주 중요한 역할인 테너 가스톤입니다. 비올렛따와 알프레도의 첫 만남을 주선한 사람입니다. 가벼운 소리지만 아주 엘레강스한 발성으로 무대를 이끌어 갈 수 있는 테너라야 이 역할을 맛나게 할 수 있습니다.

인태　다른 역할은 없나요?

주호　있습니다. 비올렛따의 착한 하녀 소프라노 안나나 그리고 비올렛따의 주치의 베이스 그랑빌과 남자 하인 테너 쥬셉삐가 있습니다. 중요한 역이 또 있는데요, 테너 알프레도와 라이벌이면서 비올렛따의 후견인인 베이스 듀폴과 바리톤 마르께제도비니가 있습니다.

인태　출연진이 많군요. 주연 3분과 조연 7명 총 10분의 역할이 오페라를 이끌어가네요. 이제 오페라 이야기를 시작해볼까요. 오페라 첫 장면의 장소는 어디인가요?

주호　먼저 오페라 이야기 들어가기 전에 아주 유명한 〈라 트라비아타〉의 서곡을 말씀드리겠습니다.

인태　교수님, 저도 〈라 트라비아타〉의 서곡을 참 좋아하는데 왜 오페라에는 서곡이 있나요?

주호 오페라의 형식입니다.

인태 오페라 작곡법의 규칙이군요.

주호 오페라 4막 기준으로 예를 들어보겠습니다. 서곡, 1, 2막, 인테르메쬬, 3, 4막 이렇게 오페라가 구성됩니다.

인태 감사합니다. 오페라와 오케스트라의 조합예술이네요

주호 모든 작곡가는 서곡을 작곡할 때 오페라의 전 이야기를 담아서 표현합니다.

인태 서곡만 들어도 그 오페라를 대충 파악할 수 있겠네요?

주호 그렇습니다.

인태 오페라 들어가기 전에 서곡이 무엇인지 알아보니 아주 재미있습니다.

인태 교수님, 이제 〈라 트라비아타〉 1막 이야기를 해주십시오.

주호 소프라노 주인공 비올렛따의 집안, 화려한 거실입니다. 파리에서 가장 화려한 파티가 열리고 있습니다. 비올렛따는 귀족들로부터 후원받는 파리 최고의 코르티잔의 기세를 뽐내는 파티를 열고 있습니다.

인태 바로 상류층의 타락을 보나요?

주호 작곡가 베르디가 의도적으로 이 장소를 선택한 것이 분명합니다. 비올렛따가 파리의 상류층과 가장 소중한 사람들을 다 초청한 파티입니다. 이 화려한 파티에 주인공 테너 알프레도가 친구인 테너

가스톤의 손에 의해 참석합니다.

운명적으로 알프레도는 비올렛따를 보는 순간 첫눈에 반합니다. 불타는 사랑의 순간을 알리는 이중창 '축배의 노래'(Brindisi)를 합니다.

인태 교수님! 이 노래는 모르는 사람이 없을 것 같아요. 그래도 간단히 뜻을 알아볼까요?

주호 누구나 한 번쯤은 들어본 유명한 이중창 멜로디가 분명합니다. 이 노래의 뜻을 한마디로 말씀드리면 남녀 간의 첫눈에 호감을 느끼고 만나는 최고의 이중창이라고 설명해드리겠습니다. 알프레도는 이 이중창을 부르면서 돈이 많은 귀족도 움직이지 못한 비올렛따의 마음을 완벽하게 흔듭니다.

인태 파리 최고 코르티잔의 마음을 훔친 거네요!

주호 파티에 초대된 파리 사교계 귀족들이 친구들과 삼삼오오 짝지어서 작은 파티를 시작할 즈음에 알프레도는 나가지 않고 비올렛따를 지켜줍니다. 여기서 알프레도는 멋진 표현으로 첫 고백을 합니다. '나의 비올렛따여 이제 이런 코르티잔을 그만두고 나와 행복한 사랑을 하자'라고 제안을 하게 됩니다. '아무도 널 사랑하지 않는다'(Perche nessuno al mondo V'ama) 그리고 이중창인 '어느 날 행복의 순간이여'(Un di felice eterea)라는 노래로 비올렛따에게 사랑의 진심을 전합니다.

인태 그 진심에 비올렛따도 반하게 되는군요.

주호 베르디의 음악적 특징은 연속되는 이중창이 많다는 것을 설명했지요. 처음 축배의 노래와 동시에 또 다른 형식의 이중창이 나와서 극적 표현을 극대화한 것입니다. 두 번 알프레도의 확신을 사랑으로 고백해 비올렛따의 마음을 움직인 것입니다.

인태 이중창의 뜻이 너무 궁금합니다.

주호 알프레도는 첫눈에 사랑을 고백하고 진지함 사랑을 처음 받은 비올렛따는 부담이 되어서 '아, 그것이 사실이면, 저를 떠나시고…다른 여자를 구하세요. 저를 잊으세요'(Ah, se cio' e'ver, fuggitemi…Non arduo troverete Dimenticarmi allor)라고 하는 사랑의 거부 이중창을 하고 가슴의 흰색 동백꽃을 알프레도에게 줍니다.

인태 진지한 사랑을 받은 비올렛따는 좋으면서 부담이 되었겠네요. 하지만 정말 운명적으로 사랑이 시작되는 거지요? 비올렛따는 과연 알프레도의 진심을 알아줄까요?

주호 혼돈스러운 비올렛따의 마음을 잘 표현하는 아리아가 지금 나옵니다. 〈라 트라비아타〉 최고의 아리아! 소프라노가 함부로 못 부르는 최고 난이도의 아리아입니다.

인태 환상적이지만 공포의 아리아 'E strano'! 이 아리아 맞지요?

주호 네. 이 노래는 알프레도의 고백을 생각하면서 부르는 내면적 갈등의 아리아입니다. '이상하네! 이상하네! 내 마음속에 새겨진 그 말! 그 진실이 내게 불행을 가져오지 않을까?'(E' strano! e' strano! in core Scolpiti ho quegli accenti! Sari'a per me sventura un serio amore?)라고 현실을 부인하면서 부르는 아리아입니다. 그리고 음악적으로 말씀드리면, 사실 이 아리아는 소프라노 아리아 중에 가장 어려운 노래입니다. 잘 부르면 모든 콩쿠르에 1등을 할 수 있는 곡입니다. 극고음과 화려한 음역대! 그리고 감성의 레가토와 파워가 동반되는 곡이라서 완벽하게 소화하기가 참 힘듭니다.

인태 비올렛따의 갈등의 감정을 베르디가 음악으로 정확하게 표현한 곡이네요.

주호 이 곡에는 또 다른 재미있는 음악적 기법이 있습니다. 인태 선생님, 이 노래는 소프라노 독창곡이지요?

인태 네. 당연하지요.

주호 소프라노 비올렛따가 부를 때 테너인 알프레도 노래가 이중창처럼 나오는 거 아시지요?

인태 네. 알고 있습니다. 정말 이 노래는 이중창이 아닌 독창곡인데 이중창이 있네요. 분류가 어떻게 되나요? 이거 신기하네요.

주호 날카로운 질문입니다. 한마디로 베르디의 천재성이 증명되는 장면입니다. 베르디는 알프레도의 고백을 의심하는 소프라노의 내면적 갈등을 테너 알프레도가 무대 뒤에서 '사랑, 사랑의 떨림이여'(Amor, amor e' palpito)라고 부르면서 소프라노의 갈등을 환청으로 테너 소리를 표현한 기법을 이중창화한 것입니다.

인태 소프라노가 알프레도 소리를 환청으로 들리는 장면을 이중창 기법으로 사용했네요.

주호 인태 선생님 많이 불러보셔서 그런지 금방 이해하시네요.

인태 감사합니다. 이 아리아를 아주 간단하게 설명 부탁드립니다.

주호 세 단계로 노래는 나누어집니다. 처음으로는 내가 이런 사랑 따위를 느낄 수 있냐고 갈등하는 도입부입니다. 두 번째 부분은 자기 마음에 들어온 사랑을 부인하면서 번뇌하는 노래입니다. 마지막으로는 '언제나 자유롭게 날고 싶어'(Sempre libera degg'io)를 노래하면서 다 필요 없고 나는 화려하고 새로운 기쁨을 찾아 내 마음 가는 데로 살겠다고 하는 노래입니다.

인태 이 어려운 아리아를 세 단계로 분류하니 참 쉽네요. 갈등과 번뇌 그리고 새로운 자유로 정리가 되는군요!

주호 맞습니다! 이렇게 1막은 소프라노 비올렛따의 극고음을 마지막으로 큰 박수와 함께 끝이 납니다.

한 여인의 희생을 통해 깨닫는
새로운 사랑과 희망

인태 바리톤 우주호 교수님 모시고 오페라 여행 떠나겠습니다.

주호 오페라를 사랑하는 남자 우주호입니다. 반갑습니다!

인태 지난주에 〈라 트라비아타〉 1막 이야기까지 나눠봤는데요. 오늘은 2
　　 막부터 3막까지의 이야기를 들려주실 거지요?

주호 맞습니다.

인태 2막 이야기 듣기 전에 오페라 〈라 트라비아타〉 원작이 궁금합니다.

주호 알렉상드르 뒤마 피스(Alexandre Dumas fils)의 '동백꽃을 들고 있는 여
　　 인'(La Dame aux Camelias)이라는 작품입니다.

인태 그래서 '춘희'로 초창기 때 명명했나요?

주호 우리나라 오페라 역사 초기에는 일본 오페라 계에서 모든 자료를
　　 받아 사용했습니다.

인태 그래서 춘희라고 했고 지금까지 사용하고 있었네요. 교수님, 작가
　　 알렉상드르 뒤마(Alexandre Dumas)를 많이 들어봤는데 혹시 그 삼총

사 만든 그 뒤마 맞나요?

주호 　맞습니다. 그 유명한 소설 삼총사와 몬테크리스토 백작을 쓰신 분인 뒤마의 아들 2세 뒤마입니다.

인태 　아, 뒤마가 두 명이네요. 아버지와 아들 맞지요?

주호 　맞습니다. 오페라 춘희의 원작은 아들 뒤마가 쓴 작품입니다.

인태 　뒤마 1세, 뒤마 2세가 있는 대문호 패밀리네요. 교수님, 정확한 이름을 알 수 있을까요?

주호 　아버지는 알렉산드로 뒤마 페르이고, 춘희의 원작자는 아들 알렉산드로 뒤마 피스입니다.

인태 　네. 이제 확실히 알았습니다. 부자가 대단하네요. 작가들을 보면 실제 삶이 작품에 투영된 경우가 굉장히 많은데 뒤마 2세의 삶은 어땠나요?

주호 　간단히 말씀드리면 원작자 뒤마가 20대 초반 때 직접 경험한 사랑의 이야기를 소설로 만든 것입니다. 뒤마는 파티에서 '마리 뒤플레시스'라는 여인과 사귀게 됩니다. 춘희 오페라 이야기와 똑같은 상황이지요. 실제 이분도 고급 창녀이면서 20대 초반 때 폐병으로 돌아가십니다. 이 충격으로 뒤마 2세가 사랑의 아픔을 생각하면서 쓴 소설이 원작 '동백꽃을 들고 있는 여인'으로 탄생했습니다.

인태 　교수님 2막 이야기 좀 들려주세요. 2막의 배경은 어디인가요?

주호 　3개월이 지난 후인 파리 근교 비올렛따의 별장입니다.

마리 뒤플레시스(1824~1847)

인태 그렇다면 서로 사랑이 이루어졌네요.

주호 네, 두 사람은 사랑이 이루어졌고, 파리를 떠나서 아름다운 별장에서 화려한 동거를 합니다. 알프레도는 사냥을 즐기고 너무나 행복해서 '그녀를 떠나면 즐거움이 없다네'(Lunge da lei per me non v'ha diletto)라고 노래하며 2막이 시작됩니다.

인태 바로 쉽고 간단한 아리아 해석 부탁드립니다.

주호 철 없이 부르는 테너 알프레도의 행복의 나날들입니다. 조금 더 자세히 말씀드리면 '그녀는 나를 위하여 화려한 생활을 청산하고 나와 한없는 사랑을 나누고 있고 지금의 이 생활이 천국에 있는 것 같다'(Io vivo quasi in ciel)라고 행복한 쾌락에 젖어 부르는 노래입니다. 사실 이 아리아는 테너라면 처음 시도하는 노래이고 누구나 도전하여 연주하는 오페라 아리아입니다.

인태 그냥 일 안 하고 놀면 재산이 점점 줄어들 텐데요.

주호 비올렛따의 재산으로 쾌락과 사치를 즐기고 있었습니다.

인태 알프레도는 사랑 타령만 하고 애인 비올렛따가 데이트 비용을 충당하는 분위기네요?

주호 알프레도는 하녀 안나나가 부족한 생활비 때문에 마지막 남은 물건들을 팔기 위해 파리로 간 사실을 알고 난 후에 수치감이 들어서 자신도 파리로 돈을 구하러 나갑니다.

인태 양심은 있네요. 남자라면 최소한 그렇게 해야지요.

주호 알프레도가 돈을 구하려 파리에 간 사이에 비올렛따는 엄청난 한 분을 만나서 운명이 확 바뀝니다.

인태 누구지요?

주호 바로 알프레도의 아버지 제르몽입니다.

인태 알프레도가 별장에 없는 사이에 알프레도의 아버지 바리톤 제르몽이 비올렛따를 만나는 거네요. 상황이 심각하네요?

주호 맞습니다. 이 두 분의 대화가 이중창으로 노래 되는데 정말 주옥같고 드라마틱한 환상의 소프라노와 바리톤의 이중창입니다.

인태 상상이 갑니다. 아주 기싸움이 대단하겠네요! 그런데 실력이 없는 성악가 선생님들께서 부르면 정말 지루한 이중창 같아요.

주호 예리하십니다! 20분 이상의 이중창이고 레가토가 많은 음악이라 극적인 표현을 해주지 못하면 정말 지루한 음악이 됩니다.

인태 이중창에서 두 분의 갈등의 요소는 뭔가요?

주호 처음에는 코르티잔과 교제하는 아들에 대한 분노입니다. 창녀가 내 아들을 유혹했다고 생각하는 것입니다. 두 번째로는 향락적인 삶이지요. 이것도 비올렛따 때문에 아들이 변했다고 생각하는 겁니다. 근데 세 번째가 제일 중요합니다. 이런 퇴폐적인 오빠 때문에 고향에 있는 여동생이 시집을 못 간다는 사실 때문에 아버지인 제르몽은 화가 난 채 비올렛따 집으로 찾아온 것입니다.

인태 테너 알프레도에게 여동생이 있었나요?

주호 두 명이나 있습니다. 알프레도의 고향은 시골이니까 오빠가 파리에서 흥청망청 놀고 있다는 소문이 나면 혼담이 깨지게 되니 우리 집안을 위해서 제발 헤어져달라는 요구의 이중창입니다.

인태 그런데 비올렛따는 억울하네요. 데이트 비용도 내고, 장소도 제공하고 모든 것을 희생해서 알프레도를 사랑한 죄밖에 없는데요. 아무것도 모르는 아버지 제르몽은 비올렛따만 탓하고 있네요.

주호 이런 연애사의 가슴 아픈 상황은 드라마나 영화처럼 오페라도 똑같습니다. 아니 오페라가 원조이지요. 500년 전부터이니까요.

인태 혹시 얼굴에 물 뿌리고 돈뭉치 주고 이런 상황 아닌가요.

주호 그것과 비슷한 무시를 비올렛따는 아버지 바리톤 제르몽에게 당했습니다. 사실 모욕을 주는 정도이지만 심하게 대립되는 장면입니다.

인태 누가 이기나요?

주호 결과로 따지면 비올렛따가 집니다. 제르몽의 설득으로 헤어짐을 결심하게 되니깐요. 하지만 아버지 제르몽은 순수한 비올렛따의 진심을 알게 되고, 철없는 아들이 왜 그녀를 사랑했는지 이해하게 됩니다.

인태 교수님 지금, 이 이중창이 엄청나게 길지 않나요?

주호 아마 제일 긴 이중창 중의 하나인 듯합니다. 사실 성악가들이 제대로 부르지 못하면, 이 비올렛따와 제르몽의 이중창은 한마디로 지옥입니다.

인태 정말 가수들의 실력이 아주 중요한 이중창이네요. 내용 설명 부탁드립니다.

주호 7단계로 가사 내용이 진행됩니다.

1. 처음 만난 두 사람의 팽팽한 대립

2. 쾌락으로 인한 제르몽의 분노

3. 딸 결혼을 위해 이별 요구

4. 사랑은 허무하니 헤어지라는 충고

5. 설득당한 착한 비올렛따에 대한 아버지의 연민

6. 비올렛따의 희생에 대한 감사

7. 비올렛따와 알프레도의 마지막 이별

이탈리아 로마 만쪼니 극장 〈라 트라비아타〉 우주호 출연(제르몽 역)

출처 : 저자 제공

인태 대립 〉 쾌락에 대한 아버지 분노 〉 아버지의 딸을 위한 애원 〉 시아
버지의 충고로 남자를 믿지 마라 〉 설득당한 비올렛따 〉 비올렛따
의 희생에 대한 제르몽의 감사 〉 아름다운 이별로 정리할 수 있네
요!

주호 네. 전에 말씀드린 베르디의 특징 중의 하나인 두 개의 이중창이 연
결되어 극 진행의 극대화를 표현한다는 것 기억하시지요? 제르몽
과 비올렛따의 헤어짐의 강요당함의 이중창 직후에 비올렛따가 알
프레도에게 마지막 이별의 노래, '나를 사랑해주세요, 알프레도, 얼
마나 사랑하는지 알지요, 안녕히'(Amami, Alfredo, quant'io t'amo Addio)
는 이별을 준비한 비올렛따의 마지막 사랑 고백이 얼마나 간절하

고 아름다운 선율로 잘 표현되어 있습니다.

인태 그 멜로디 비올렛따는 줄리아 로버츠가 출연한 영화 〈귀여운 여인〉
에 나와서 화제가 된 멜로디 'Amami Alfredo' 아닌가요?

주호 네. 영화에 나와서 더 유명해진 멜로디입니다.

인태 비올렛따는 그 감동적인 사랑 고백을 하고 다시 파리 사교계로 돌
아가나요?

주호 맞습니다. 비올렛따가 몰래 파리 사교계로 간 것도 모르는 채 아들
알프레도는 사랑을 반대하는 아버지 제르몽을 만나게 됩니다.

인태 이제 교수님 18번인 아버지 제르몽의 아리아가 나오나요?

주호 아, 감사합니다! '아들아, 너의 괴로운 고통 다 안다!'(Mio fglio, Oh,
quanto soffri!) 네가 사랑한 비올렛따는 이제 여기에 없다. 널 위해 떠
났으니 동생을 위해서도 빨리 여기를 정리하고 나와 같이 고향으
로 가자는 뜻입니다.

인태 제목이 원어로 'Di provenza il mare, il suol'이지요. 저도 개인적
으로 정말 좋아하는 바리톤 아리아입니다. 지금까지 간단히 정리해
보면 오페라가 시작되자마자 호감의 이중창 'Brindisi'와 또 다른
이중창 'Un di felice' 최고의 비올렛따가 부른 고난도의 갈등의 아
리아 'Ah forse lui', 그리고 2막 처음에 철없는 테너 쾌락의 아리아.
아버지 제르몽과 비올렛따가 대립하고 헤어지게 하는 이중창과 아
들 알프레도에게 모든 것을 청산하고 고향으로 돌아가자 늙은 아
비의 부탁인 바리톤의 최고의 아리아 'Di provenza'까지 숨 가쁘게

이어지는군요.

주호 베르디의 오페라 춘희 1막과 2막은 시작부터 끝날 때까지 최고의 아름다운 아리아와 이중창의 향연으로 진행됩니다.

인태 2막이 어떻게 끝나지요?

주호 비올렛따는 파리 사교계의 초대로 코르티잔으로 다시 돌아갔다는 사실을 알고, 알프레도는 '아! 그녀가 파티에 갔구나! 원수를 갚으러 가겠다'(Ah! ell'e alla festa! volisi L'offesa a vendicar)라고 분노해 파리로 가는 장면으로 막이 내려갑니다.

인태 파리에서 한바탕 사건이 벌어지겠네요! 3막이 기대됩니다.

주호 잠깐만요! 제가 여러분을 속였습니다.

인태 갑자기 무슨 일입니까?

주호 아직 2막이 안 끝났습니다. 2막 피날레가 있습니다.

인태 네. 2막이 두 번인가요?

주호 말하자면 그렇습니다.

인태 그럼 2막 두 번째 장소가 어디인가요?

주호 상상해보세요. 충분히 알 수 있습니다.

인태 혹시 사교계의 파티장?

주호 맞습니다. 비올렛따의 후견인인 플로라의 대저택 사교장입니다. 당연히 초호화 파티장입니다.

인태 파리 사교계 초호화파티는 어떻게 하나요? 궁금하네요.

주호 먼저 가면을 쓰고 자기 신분을 감추고 무도장 파티 안으로 들어갑니다.

인태 벌써 범상치 않네요.

주호 무도장 안에서 수많은 스페인의 투우사로 분장한 그룹과 집시로 분장한 그룹들이 자기 신분을 감추고 향락의 극치를 즐기는 지옥이지요! 베르디의 진심은 이런 타락된 귀족사교계의 고발인 거지요.

인태 결국은 알프레도는 이 사교장을 찾아가나요? 이거 불길한데요.

주호 상상대로입니다. 철없고 다혈질인 알프레도는 친구인 가스톤을 통해 후견인 플로라 집에서 비올렛따가 코르티잔을 다시 시작했다는 정보를 입수해 분노를 품고 파티장으로 갑니다.

인태 그럼 삼각관계가….

주호 맞아요. 알프레도는 코르티잔 비올렛따의 후원자와 심각한 관계가 됩니다!

인태 누구지요?

주호 아무리 세월이 지나도 비올렛따의 인기는 사교계에서 하늘을 찔렀고, 가장 돈 많고 힘이 센 베이스 듀폴 남작이 그녀의 후원자로 비올렛따를 차지하고 있었습니다.

인태 역시 비올렛따는 최고의 코르티잔이네요! 그럼 두 남자 테너 알프레도와 베이스 듀폴 남작이 한바탕 기싸움이 벌어지나요?

주호 제대로 한바탕하는데요. 무얼로 하는지 아세요?

인태 주먹? 아니면 그때 당시 유행이었던 결투로 하나요?

주호 반은 맞았습니다. 결투와 사교계에서 어울리는 카드놀이입니다.

인태 도박이네요! 안 좋은 문화인데요. 하지만 결투가 아니니 가슴을 쓸어내립니다.

주호 나중에 결투도 합니다!

인태 누가 죽는군요. 듀폴인가요?

주호 죽지는 않고, 듀폴이 심하게 다치고 결투는 종료가 됩니다.

인태 카드놀이 이야기 다시 해주세요.

주호 지금 플로라의 파티장에서는 듀폴과 권력가들은 카드를 치면서 재력을 과시하는데 시골 출신이고, 힘없는 알프레도는 듀폴이 비올렛따의 후원자임을 알고도 겁 없이 도전합니다.

인태 이건 카드놀이가 아니고 감정싸움이네요.

주호 맞습니다! 여기서 작곡가 베르디는 박진감 있는 리듬으로 두 사람의 감정을 표현하고 중간중간 비올렛따와 합창단이 양념으로 잠깐잠깐 나오는 카드 게임 앙상블이 아주 일품입니다.

인태 교수님, 누가 카드놀이에서 승리하나요?

주호 다행히 이날의 행운은 알프레도의 손을 잡게 됩니다.

인태 그러면 혹시 비올렛따를 다시 갖게 되나요?

주호 아닙니다. 알프레도는 듀폴에게 딴 돈을 모든 사람이 보는 곳에서 비올렛따 얼굴을 향해 던지며 '이 여자 혹시 아시나요?'(Questa donna conoscete?)라고 모욕적인 언행을 하면서 저주를 합니다.

인태 아니 돈 싸대기를? 막장 드라마에서 늘 보는 것인데 드디어 나오는 군요.

주호 젊고 혈기가 많아서 분노를 못 참고 비올렛따에게 우리가 연애할 때 네가 돈을 썼으니 '이제는 돌려주겠다'(Che qui pagata io l'ho) 하면 서 돈을 뿌리는 것입니다.

인태 그녀는 자존감과 마음이 바닥이 되었으니 가슴이 너무 아팠을 것 같습니다.

주호 비올렛따는 자신의 고통과 아픈 마음을 합창단과 같이 표현하는 감동의 선율, '알프레도, 알프레도'(Afredo, Afredo)를 부릅니다. 실수 한 알프레도는 플로라 파티장에 온 모든 사람에게 손가락질을 받 고, 알프레도를 따라온 아버지도 제르몽도 분노와 후회로 스캔들 의 2막 피날레가 끝이 납니다.

인태 정말 드라마틱하네요. 왜 오페라 〈라 트라비아타〉가 인기 있는지 실감이 납니다. 3막 빨리 부탁합니다!

주호 마지막 3막의 장소는 파리의 초라하고 어두운 작은 방입니다. 비올 렛따는 그 사건으로 모든 것을 잃고 사교계를 떠났고, 그의 충격으 로 아팠던 몸이 더욱 쇄약해져서 심각한 상황까지 왔습니다.

인태 그 화려한 사교계의 비올렛따가 병들어 초라한 곳에 있다고 하니 가슴이 아프네요.

주호 파리는 사육제 축제로 흥분되어 있습니다. 반면에 비올렛따의 방은 창문 사이로 흐릿한 달빛이 들어와 비올렛따를 비추고 있습니다.

인태 첫 장면부터 불길한 조짐이 보입니다.

주호 네, 여기서 비올렛따는 편지 읽는 명장면과 마지막 아리아를 부릅니다. 정말 어려운 노래입니다. 성악가들이 가사의 뜻을 잘 알지 못하면 이상하게 표현되는 아주 어려운 곡입니다. 바로 '지난날의 꿈 같은 시절이여'(Addio, del passato bei sogni ridenti)입니다.

인태 더욱 가사 내용이 궁금해집니다. 간단하게 해석 부탁드립니다.

주호 전체적으로 '화려한 나의 삶은 이제 끝났고 이제 남은 삶은 죽음뿐이니 주여! 나를 용서하소서'라는 뜻입니다. 베르디는 한 여인의 향락적 인생을 죽음 앞에서 종교적 멜로디로 표현했습니다. 우리에게는 잘 알려지지 않았지만, 여성 성악인들이 좋아하고 도전하는 곡입니다.

인태 저도 여러 번 들어본 아리아이지만 교수님의 설명을 듣고 보니 다시 듣고 싶어지는 곡입니다. 참 숙연해지는 곡으로 기억됩니다. 계속 오페라 이야기 부탁드립니다.

주호 네, 죽음만 기다리는 그녀는 사육제의 합창이 끝나자마자 가장 보고 싶은 유일한 사랑 알프레도를 만나게 됩니다.

인태 아니, 어떻게요?

주호 비올렛따는 제르몽이 자기에게 보낸 편지 내용 속에 자신의 진실한 사랑과 희생을 알프레도가 알게 되어, 용서를 구하러 온다는 사실을 알게 됩니다.

인태 그래서 다시 비올렛따를 찾아오는군요. 베르디의 작곡기법상 혹시 이때 이중창 나오겠지요!

주호 그렇습니다. 이 이중창은 정말 국보급 사랑의 이중창입니다. 바로 '파리를 떠나 우리의 보금자리로 가자'(Parigi, o cara o noi lasceremo)입니다.

인태 네, 저도 너무 좋아하는 이중창입니다. 1막에 환상적인 이중창 '축배의 노래'(Brindisi)가 있다면 3막에는 이 곡이 있지요. 명곡 중의 명곡이고. 들어도 들어도 다시 듣고 싶은 곡입니다.

주호 감격적으로 만난 두 사람은 진심으로 사과하고 비올렛따에게 새로운 인생으로 같이 파리를 떠나자고 제시하는 사랑의 이중창입니다. 하지만! 비올렛따의 건강은 그들의 사랑을 갈라놓게 됩니다.

인태 두 사람의 순수한 사랑이 너무 가슴이 아픕니다!

주호 사교계의 여왕 비올렛따는 순수한 청년을 사랑한 죄밖에 없는데, 사랑하는 알프레도와 마지막 이중창에서 '주여 젊은 저는 죽어 가나이다!'(Oh. Gran Dio! morir si'giovane)라는 말을 합니다. 그리고 진심으로 사랑한 알프레도에게 정말 아름답고 간절한 선율로 구성된 마지막 유언의 노래 '순결한 여인이 생긴다면 꼭 결혼하세요'(Se una pudica vergine)를 부르면서 한 여인의 숭고한 사랑은 끝이 납니다.

인태 진실한 사랑이 무엇인가를 다시 생각하게 만드는 마지막 유언의 노래입니다.

주호 가련한 한 여인의 희생을 통해서 우리가 새로운 사랑과 희망을 얻게 하는 교훈이 담긴 오페라인 듯합니다.

Opera 04 | 토스카(Tosca)

〈토스카〉 한눈에 보기

1. 〈토스카〉는 1800년 6월 17일에서 18일 사이 마넹고 전투 상황에서 일어나는 상황을 오페라를 만들었습니다.
2. 대본 경쟁 때문에 베르디의 〈토스카〉가 될 뻔했습니다.
3. 토스카 역을 생각하면 성악가 '마리아 칼라스'가 떠오릅니다.
4. 악을 표현하는 스카르피아의 선율에는 항상 종교음악이 동반됩니다.
5. 이야고는 손수건으로 오텔로의 질투를 유발하고, 스카르피아는 부채로 토스카의 질투를 유발합니다.

작가 : 이윤이, 제목 : 토스카

푸치니가 작곡한
막장 오페라의 끝판왕

인태 무대의 경험을 그대로 전해주는 오페라 가수 우주호 교수님 오늘
은 어떤 오페라를 준비해 오셨어요?

주호 오늘 소개하는 오페라는 진짜 드라마틱하고 막장 오페라의 끝판왕
입니다. 모든 막장 요소가 다 담겨 있습니다. 여러분이 가장 좋아하
는 오페라이고, 한국에서도 제일 많이 공연되고 있습니다.

인태 빨리 말씀해주세요.

주호 여러분이 가장 사랑하는 오페라, 자코모 푸치니(Giacomo Puccini)가
작곡한 〈토스카〉(Tosca)입니다.

인태 〈토스카〉에 엄청 유명한 아리아 있잖아요. '노래에 살고 사랑에 살
고'(Vissi d'arte, vissi d'amore) 아닌가요?

주호 맞습니다. 세계적인 소프라노 마리아 칼라스(Maria Callas)가 유행시
킨 아리아입니다. 이 노래가 2막에 나오는 거 아시지요?

인태 네. 알고 있습니다. 교수님은 이 〈토스카〉에서 무슨 역을 하십니까?

주호 아주 못된 놈 역을 합니다. 〈토스카〉를 괴롭히고 모든 사람에게 공
      포를 주는 사람입니다.

한국오페라단 세종문화회관 오페라 〈토스카〉 우주호 출연(스카르피아 역)

인태 바리톤 스카르피아지요? 교수님께서 이 역할을 잘하시지요?

주호 제가 인품은 좋은데 악역 전문 바리톤 가수입니다.

인태 교수님께서 스카르피아 전문 가수라는 것을 잘 알고 있습니다.

주호 감사합니다.

인태 어떤 나쁜 짓을 하나요?

주호 자기의 욕망을 채우기 위해 사랑하는 연인 사이를 갈라놓고 고문
      후 총살하는 못된 놈 역입니다.

인태 잠깐만요. 정말 못된 놈이네요. 최악인데요!

주호 너무 화내지 마시고요, 역할은 역할일 뿐입니다. 사실 이 오페라의
      승패는 스카르피아가 얼마나 악하게 하느냐에 달려 있습니다.

인태 알겠습니다. 이제 차근차근 푸치니의 〈토스카〉에 대해 파헤쳐 보겠습니다. 일단 단골 질문부터 하겠습니다. 오페라 〈토스카〉도 원작 소설이 있겠지요?

주호 네. 원작이 있습니다. 프랑스 작가 빅토리앵 사르두(Victorien Sardou)의 〈토스카〉입니다. 푸치니는 〈토스카〉도 연극으로 보고 감동을 받아서 오페라를 작곡했다고 합니다. 〈토스카〉의 오페라 대본은 루이즈 일리카와 쥬셉뻬 자코자, 두 사람이 썼습니다.

인태 멋진 대본이 나왔겠네요.

주호 맞습니다. 내 눈에 좋은 건 다른 사람 눈에도 좋잖아요.

인태 그렇지요.

주호 〈토스카〉 대본을 욕심냈던 작곡가가 푸치니 말고도 많이 있었다고 합니다.

인태 누구지요?

주호 한 분만 말씀드리면 우리가 작품을 통해 만난 베르디입니다. 결국, 승자는 푸치니가 되었지만요!

인태 재미있네요. 베르디의 〈토스카〉가 될 뻔했네요! 이렇게 완성된 오페라 푸치니의 〈토스카〉는 언제 초연되었나요?

주호 우리나라 시대로 따지면 고종 때입니다. 1900년도 1월 14일에 로마 코스탄치 극장에서 초연되었습니다.

인태 한국 초연은요?

주호 1958년 10월에 테너 이인범, 바리톤 황병덕이라고 자료를 찾을 수 있습니다.

인태 그랬군요.

인태 1막 이야기부터 이제 좀 들어보겠습니다.

주호 주요 캐릭터부터 말씀드릴게요. 저의 직업이 뭔지 아시지요?

인태 질문이 너무 쉬운데요? 오페라 가수입니다.

주호 네. 단순하고 의심과 질투가 많은 여자 주인공 토스카의 직업이 오페라 가수입니다. 그리고 토스카를 사랑하고 나라를 위해 목숨을 바친 독립군 남자 주인공 테너카바라돗시는 화가이고요. 슬프게도 두 예술가는 비극적인 사랑을 하게 됩니다. 다른 이야기인데요, 재미있는 사실 알려 드릴게요. 잘 보시면 오페라 〈라 보엠〉의 출연자 중에 무젯타의 직업이 가수고, 마르첼로의 직업이 뭐였지요?

인태 화가이네요. 거참 신기합니다. 두 오페라의 캐릭터의 직업이 가수와 화가라니 흥미진진합니다. 푸치니는 가수와 화가를 굉장히 좋아했나 보네요. 그다음 역할 소개 부탁드립니다.

주호 오페라 캐릭터의 직업으로, 예술가인 푸치니의 삶을 작품 안에 간접적으로 표현하려는 의지가 나타납니다. 그리고 제가 자주 맡는 역할인데요, 사악하고 나쁜 짓 많이 하는 바리톤 역할인 로마 경시총감 스카르피아입니다.

인태 교수님이 자주 하시는 스카르피아 역이 로마의 경시 총감 역할이었네요.

주호 네. 그리고 베이스 역할을 소개하면 감옥에서 탈출한 전 로마공화
국 영사인 안젤롯티도 있습니다.

인태 이 베이스 안젤롯티 때문에 나쁜 스카르피아가 토스카를 만나게
되는 거지요?

주호 안젤롯티가 탈출하는 바람에 스카르피아가 그를 추격하면서 토스
카와 카바라돗시를 만나게 됩니다. 다음 역은 정말 특이한 역할이
있는데 비극 오페라 안에 알코올 중독자인 코믹 부파 바리톤 성당
지기 사그리스타노가 나옵니다. 그다음 조연으로 로마 경시총감의
오른팔 스폴레타와 그의 부하 샤로네가 있습니다. 마지막으로 비
극 오페라에서 선한 기운을 노래하는 어린이 역할인 '어린 목동'입
니다.

인태 네. 지금까지는 주요 역할을 알아봤습니다.

주호 지금부터 첫 장면부터 오페라 들어가겠습니다. 푸치니의 작품인 오
페라 〈토스카〉는 다른 작곡가와는 시작점이 매우 다릅니다.

인태 뭔가요?

주호 보통 오페라는 서곡으로 오케스트라 연주가 있잖아요. 오페라 〈토
스카〉는 서곡이 없습니다. 강력한 첫 극적 효과를 극대화하려고 안
젤롯티가 급하게 쫓겨나오는 장면부터 시작됩니다.

인태 연주시간에 늦게 가면 첫 장면을 놓치겠네요.

주호 푸치니의 오페라는 거의 다 이런 형식으로 되어 있습니다.

인태 그렇군요. 오늘 큰 것을 알았습니다. 더 자세히 설명해주세요.

주호 현재 정치범인 전 로마 영사인 안젤롯티는 감옥에서 탈출하여 무언
     가 찾기 위해 성 안드레아 델라 발레라는 성당 안으로 숨어 들어갑
     니다. 급히 주변을 열심히 살피다가 누이동생이 마리아상 아래 놓
     아둔 열쇠를 찾게 됩니다.

인태 무슨 열쇠지요?

주호 로마를 탈출할 수 있는 중요한 물건입니다. 안젤롯티가 성당 문을
     열고 몸을 숨기자마자 이 성당을 지키는 바리톤 사그리스타노가
     술에 취한 채 청소를 하면서 자기 신세를 한탄하면서 들어옵니다.

인태 이 장면 정말 재미있어요. 그리고 박수도 많이 받을 수 있는 중요한
     역입니다.

국제오페라단 세종문화회관 오페라 〈토스카〉 우주호 출연(성당지기 사그리스타노 역)

출처 : 저자 제공

주호 맞습니다. 사그리스타노는 연기력과 희극적 소리를 갖추어야 하는 아주 중요한 역입니다. 사실 저도 신인 때 이 역할을 했습니다.

인태 교수님께서도 젊을 때 성당지기도 하셨군요

주호 학교 졸업 후에 첫 오페라 데뷔였습니다. 이 사진 장면에서 우리의 테너 주인공 카바라돗시가 '오묘한 조화'(Recondita armonia)라는 노래를 할 때 붓을 씻으면서 신세 한탄을 하고 화가에게 성당 안에서는 경건한 말을 해야 한다고 말하는 장면입니다.

인태 카바라돗시의 테너 아리아는 정말 부르기 힘든 것 같아요.

주호 정말 힘들어요! 이 노래를 들으면 테너 실력을 금방 알 수 있습니다.

인태 왜 어렵지요?

주호 인태 선생님도 잘 알지만 엄청난 레가토(Regato, 음을 부드럽게 연결하는 성악 테크닉)와 일 파사지오(Il passagio, 중음에서 고음으로 가기 위한 발성의 길. 주로 파, 솔의 음역)가 너무 많아서 힘든 노래입니다.

인태 그래서 모든 테너가 힘들어하는군요. 교수님, 간단한 설명을 부탁드립니다.

주호 화가 테너 카바라돗시가 작업하고 있는 성모 마리아의 눈, 코, 머리 색깔이 내 애인 토스카와 너무 닮은 것이 신기해하면서, '그 여자를 그릴 동안, 나의 유일한 생각은 토스카 오로지 당신뿐이요'(Ma nel ritrar costei il mio solo pensiero, Tosca, sei tu!)라고 합니다. '예술의 은밀한 조화가 오묘하게 가능하구나'라고 노래하는 장면입니다.

인태 그래서 노래의 마지막 부분에 토스카 이름이 나오면서 끝이 나는군요.

주호 카바라돗시의 불경건한 노래를 듣던 중에 바리톤 사그리스타노는 성스러운 성당에서 다른 여인과 성모 마리아를 비교하면서 작업하면 안 된다고 걱정하면서 짜증을 내는 장면도 아주 재미있습니다.

인태 그렇군요. 그런데 베이스 안젤롯티는 어디에 갔나요?

주호 지금 나옵니다. 누이동생이 가르쳐준 성당의 비밀장소에 있습니다. 당시 왕정체제의 오스트리아군은 로마공화정을 정복합니다. 감옥에 구속된 로마 영사인 안젤롯티는 탈옥해서 누이동생이 가르쳐준 성당에 있는 카바라돗시를 찾아와서 새로운 독립운동으로 해방을 도모하려고 비밀장소에 있는 것입니다.

인태 카바라돗시와 멋진 상봉을 하게 되는군요.

주호 비밀장소에서 나와서 '당신이 카바라돗시이군요'(Voi Cavaraddossi) 말하면서 기쁘게 화가 카바라돗시을 만납니다. 그리고 그의 도움을 받아서 빵 바구니를 들고 토스카와의 밀애 장소인 우물가 정원으로 갑니다. 이때, 토스카가 등장하는데 푸치니의 소프라노 사랑이 보이는 음악과 연출기법이 있습니다.

인태 토스카 첫 출연 장면에서 유럽에서는 프리마돈나의 등장 때에 박수도 나오는 경우가 있다고 들었습니다.

주호 제가 로마에서 직접 봤습니다. 푸치니가 토스카가 등장할 때에 박수가 나올 수 있게 음악적으로 멋지게 작곡을 했습니다. 〈토스카〉

가 테너 주인공 카바라돗시의 이름, '마리오!'(Mario!)를 수차례 부를 때 관객인 나를 부르는 착시효과도 고려된 푸치니의 작곡법이라고 합니다.

인태　그렇군요. 토스카가 보고 싶은 애인 '마리오! 마리오!'를 부르는 것이 '인태 씨, 인태 씨'라고 부르는 것처럼 들린다는 거군요.

주호　푸치니의 오페라 〈나비 부인〉도 초상의 등장이 화려했듯이, 오페라 〈토스카〉에서 토스카가 등장하며 애인 마리오를 찾는 애달픈 소리에 황급히 카바라돗시가 '여기 있어요'(Son qui) 하고 문을 엽니다. 토스카가 서둘러 들어오는 음악의 선율이 아주 환상적입니다. 그리고 토스카의 질투가 시작되는데 정말 귀엽습니다.

인태　애교의 질투는 사랑의 불꽃이 되는 거지요.

주호　문을 박차고 들어와서는 왜 늦게 문을 열었냐 혹시 다른 여자와 있었냐고 '속삭이는 소리 분명히 들었어요. 그 여자 어디 있어요?'(Altre parole bisbigliavi. Ov'e?) 하며 질투하는 장면입니다.

인태　토스카의 애교스러운 질투가 예쁘네요.

주호　카바라돗시는 여유 있는 모습으로 토스카를 맞이하고 질투를 진정시키면서 '나의 사랑이여, 나의 여인이어서, 당신 따라가리다'(Mia sirena, mia sirena, verro) 이렇게 '나는 너만 사랑한다'라고 말합니다. 당신과 비슷한 마리아상을 그리는 중이라고 말하는 이중창이 시작됩니다.

인태　다음에는 연출적 기법이나 음악적으로 토스카의 등장 장면을 더 관심 있게 보겠습니다! 이 아름다운 이중창 후에 안젤롯티는 어떻게 되나요?

주호 카바라돗시는 멋진 사랑의 이중창으로 토스카를 안정시키고, 저녁에 별장에 가서 사랑을 나누자고 약속한 후 급히 보냅니다. 친구인 로마 영사 안젤롯티를 다시 맞이합니다. 그는 안젤로띠에게 지금 대포 소리와 함께 사악한 스카르피아가 곧 여길 닥칠 수 있으니 누이가 숨겨놓은 여장할 옷과 부채를 가지고 우물가 정원으로 가라며 안전한 통로를 서둘러 가르쳐줍니다. 그리고 그 비밀장소에서 다시 보기로 하고 둘은 헤어집니다.

인태 긴박한 순간이네요. 이때 대포 소리와 함께 스카르피아가 들어오는군요. 그런데 여기는 성당이면 치외법권 아닌가요?

주호 그는 무식하게 그냥 부하 경찰들을 데리고 와서 미사를 준비하고 있는 성당지기와 어린이 합창단에게 공포감을 주고 신문합니다.

인태 성당에서 취조를 당하는군요.

주호 스카르피아는 사그리스타노를 취조해 귀중한 정보를 얻습니다.

인태 뭐지요?

주호 빵 바구니가 없어진 점과 문이 열린 아따반띠의 성당 그리고 아따반띠 후작 부인의 사인이 있는 부채입니다.

인태 나쁜놈 스카르피아는 3가지 협의를 찾아서 안젤롯티를 쫓는군요. 그런데 빵 바구니와 열쇠는 짐작이 가는데 부채는 왜지요?

주호 나중에 스카르피아는 마르케제 후작 부인 아따반띠의 사인이 있

빵 바구니와 우주호(스카르피아 역)

출처 : 저자 제공

는 부채와 카바라돗시가 그리고 있는 그림 '아르네시스'를 엮어서 토스카의 질투를 유발하는 도구로 사용하게 됩니다. '이야고는 손수건으로 오텔로의 질투심을, 나는 부채로 토스카의 질투심을'(Per ridurre un geloso allo sbaraglio jago ebbe un fazzoletto..ed io un ventaglio)이라며 그는 부채를 통해 토스카를 품에 넣으려고 하는 속셈인 것입니다.

인태 스카르피아는 정말 악랄하네요.

주호 음악회가 끝이 나고 토스카는 애인 카바라돗시를 만나러 성당으로 다시 옵니다. 스카르피아는 토스카에게 정말 신사적으로 다가가서 환심을 얻습니다. 여기서 또 스카르피아가 부채로 토스카의 질투를 유발하는 데 성공하는 거짓 이중창이 나옵니다.

인태 교수님께서 많이 하신 이중창이니 맛깔나는 설명 잘 부탁드립니다.

주호 교회 예배의 시간을 알리는 종소리와 함께 '거룩한 토스카여, 내 손에 당신의 손을 주세요'(Tosca divina, la mano mia la vosta aspetta)라는 음흉한 가사로 이중창이 시작되고 스카르피아가 토스카와 카바라돗시의 사이를 이간질합니다.

인태 단순하고 순수한 토스카는 당연히 속아 넘어가겠지요. 스카르피아는 토스카의 영혼을 메마르게 하는 타고난 악인인 것 같습니다.

주호 네. 스카르피아는 부채로 토스카의 질투를 유발하는 데 성공하는데요, 여기에서 정말 웅장한 '테 데움'(Te Deum)이라는 교회 선법의 아리아가 나옵니다.

인태 합창과 함께 1막의 대미를 장식하는 웅장한 음악이지요! 설명 부탁드립니다.

주호 이 아리아는 드릴 말씀이 너무 많습니다.

첫 번째로 이 노래는 교회 미사 선법인데, 여기에서 푸치니는 악한 스카르피아의 음흉한 멜로디를 대비해 선과 악의 표현을 대위법적 음악 구조로 대담하게 표현해냈습니다.

두 번째로는 푸치니의 천재성입니다. 불안한 음악적 감정을 표현을 위해 감수성이 뛰어난 푸치니는 한 음정 즉, 완전음(Dominant)이 아닌 '파' 같은 음정으로 '세 명의 부하들아. 저 마차를 쫓아라! 빨리 가라, 눈치채지 못하게 따라가라'(Tre sbirri una carrozza…. presto! seguila dovunque vada! non visto! provvedi) 하는 긴 문장을 계속 구사하는 점입니다.

인태 푸치니의 음악적 특징은 물방울처럼 톡톡 튀고 물 흐르는듯한 아름다운 선율이 매력인데 한음으로 감정을 표현한다는 것이 이상하긴 합니다.

주호 완전의 신의 영역을 표현하는 완전음의 '솔'이면 부족한 삶의 자체인 마귀의 감정 버금딸림화음(Subdoninant)으로 내면적으로 악을 표현하는 푸치니만의 기법을 창출한 것이지요. 이어서 세 번째로는 이전에 화성적 코드 중심의 레치타티보(대사)를 버리고, 멜로디 속에서 레치타티보를 시도해 더 소름 끼치는 가사의 내면성을 묘사한 것입니다. 〈나비 부인〉에도 있었던 음악기법입니다.

인태 와, 대단합니다. 정말 교수님같이 무대에서 실질적으로 활동한 성악가에게서만 들을 수 있는 오페라 해석법이었습니다.

주호 이탈리아에서 유학할 때 대가 선생님에게 직접 들은 생생한 이론입니다.

인태 현역 선생님들의 살아있는 이야기이네요! 감동입니다.

주호 이렇게 어린 예수의 상을 모시는 추기경님과 신도들의 행렬이 부르는 '테 데움'의 교회 오르간 선법과 스카르피아의 악의 선율이 대립하면서 1막의 대단원은 내려갑니다.

인태 교수님! 2막 들어가기 전에 오페라 〈토스카〉가 작곡될 때 배경에 좀 설명해주세요.

주호 이 오페라는 프랑스 희곡 〈토스카〉를 원작으로 하고 있고요, 그날 하루에 일어난 일을 가지고 오페라를 완성합니다.

인태 며칠이지요? 무슨 일이 일어난 겁니까?

주호 1800년 6월 17일에서 18일 새벽으로 넘어가는 사이에 오페라 2막에 나오는 살인사건이 일어나는 날입니다.

인태 누가 죽는 거지요?

주호 토스카가 악독한 스카르피아를 돌발적으로 살인을 하게 된 비극의 날입니다. 〈토스카〉를 이해하기 위해 그 당시 배경을 설명해드리면, 1800년 4월에 프랑스는 나폴레옹 1세가 '황제'로 즉위해 6월에 마렝고 전투의 배경으로 프랑스 혁명군은 그야말로 유럽 및 로마를 정복하고 왕정체제를 폐지하고 공화정체제를 수립하는 아주 혼란의 시기입니다. 권력을 되찾은 왕정체제 옹호자인 악인 스카르피아와 공화정 지지자 선한 카바라돗시의 치열한 대립을 오페라 〈토스카〉에 담고 있습니다.

인태 로마를 차지하려고 오스트리아와 프랑스의 전쟁 중의 어느 하루에 〈토스카〉 사건이 일어난 것이군요.

비극적인 결말을 맞은
토스카의 순수한 사랑

주호 〈토스카〉 두 번째 시간입니다. 이제부터 각 막에 등장하는 장소를
　　　알려 드리겠습니다.

인태 근대 시대 오페라이니 우리가 알만한 장소도 나오는 거지요?

주호 네! 1막은 성 안드레아 성당이고요, 2막은 파르네제 궁, 3막은 성
　　　안젤로 성채입니다. 오늘은 2막 이야기하니 파르네제 궁에서의 이
　　　야기입니다. 바리톤 스카르피아는 '토스카는 좋은 매이다'(Tosca e un
　　　buon falco!)를 부르면서 방에서 음식과 와인을 먹고 마시며 토스카
　　　를 가지기 위한 계략을 세우고 있습니다. 스카르피아가 토스카를
　　　가지기 위한 탐욕의 노래를 부르면서 샤로네에게 한 통의 편지를
　　　주면서 음악회 후에 토스카를 데리고 오라고 합니다.

인태 편지 내용이 뭔가요?

주호 스카르피아는 '그녀는 올 것이다. 애인 마리오를 위해'(Ella verra'... per
　　　amor del suo Mario!)를 노래하면서 사형당할 애인 카바라돗시를 보려

면 빨리 오시라는 내용입니다. 애인 카바라돗시를 미끼로 토스카를 유인하는 것이지요.

인태 인간 쓰레기이고 악마 같은 존재네요. 교수님께서 여러 번 불러보셨으니 더 깊이 생동감 있게 더 이야기해주세요.

주호 스카르피아는 '애인 마리오를 위해..내 요구를 다 들을 것이다'(Per amor del suo Mario.. al piacer mio s'arrendera)와 '내가 원하는 모든 것은'(Bramo...la cosa bramata perseguo)으로 탐욕의 노래를 합니다. 차마 글로 표현할 수 없는 추하고 노골적인 내용을 기본으로 푸치니는 성적 추태와 계략을 비열한 음악적 진행으로 과감하게 작곡했습니다.

인태 소름 끼치는군요! 사람의 영혼을 망하게 하는 더러운 기운을 타고 난 스카르피아이군요! 아참 안젤롯티 영사는 잡혔나요?

주호 안 잡혔습니다. 하지만 안젤롯티을 도망가도록 도와준 카바라돗시가 스카르피아에게 체포되어 옵니다.

인태 큰일났네요!

주호 스카르피아는 카바라돗시를 심문해 토스카를 자기 방으로 유인합니다. 그리고 토스카에게 고문을 당하는 카바라돗시를 보여주면서 도망간 안젤롯티가 도망간 장소를 이야기하라고 요구합니다. 여기서 총독 스카르피아가 카바라돗시를 고문하는 음악적 멜로디와 멀리서 들리는 여왕궁전에서 들리는 칸타타의 음악적 멜로디가 대조 되면서 스카르피아의 악행이 더 부각됩니다.

인태　1막의 '테 데움'과 스카르피아의 고문 장면과 똑같네요.

주호　스카르피아를 따라다니는 종교적 음악이 그의 악행을 더 나쁘게 부각하려는 푸치니의 의도를 볼 수 있습니다.

인태　비겁하고 악랄하네요. 음악적으로 중창이 있나요?

주호　색다른 두 개의 이중창이라고 하겠습니다. 하나는 여왕궁의 합창단이 부르는 칸타타 합창과 스카르피아의 고문 멜로디의 이중창 있습니다. 또 다른 진짜 이중창 '이젠 친한 친구처럼 솔직히 말해봅시다'(Ed or fra noi parliamo da buoni amici)는 고문 현장에 온 토스카를 추궁해 안젤롯티의 장소를 알아내는 악독하고 야비한 스카르피아와 토스카의 이중창입니다.

인태　무대가 눈앞에 보입니다. 교수님 결국에는 안젤롯티가 숨은 장소를 이야기합니까?

주호　네, 토스카는 연주를 마치고 스카르피아의 함정에 빠져 고문 현장에 와서 결국 참지 못하고 사랑하는 카바라돗시를 구하기 위해 안젤롯티가 숨은 장소를 말하게 됩니다.

인태　고문 당하는 사랑하는 사람의 고통을 옆에서 지켜보기엔 참을 수 없지요. 불쌍하네요!

주호　토스카는 더 이상 참지 못하고 두 사람의 열애 장소인 '정원 안에 있는 우물 속…'(Nel pozzo…nel giardino…)이라고 말합니다. 그 후 안젤롯티는 체포되는 순간 스스로 목숨을 끊었고, 스카르피아는 다음

목표인 토스카를 가지기 위해 또 다른 계책을 꾸밉니다.

인태 지긋지긋하네요. 토스카를 갖기 위해 또 어떤 짓을 하나요.

주호 교활한 짓으로 카바라돗시를 이용해 토스카를 괴롭혀서 안젤롯티가 있는 곳도 알아낸 후에 스카르피아는 고문현장에서 나폴레옹이 마렝고 전쟁에서 승리했다는 소리를 듣고 카바라돗시는 극고음 B로 '승리'(Vittoria)를 외치는 장면이 정말 기다려지는 장면이고 고음 잘 내는 테너 가수는 여기에서 고음 자랑을 충분히 하는 곳입니다. 극고음의 자랑이 끝나고 혼잡한 상황에서도 스카르피아는 '나의 저녁이 모두 망가져버렸네'(La povera mia cena fu interrotta) 이 노래를 하면서 네가 나에게 몸을 허락하지 않으면 카바라돗시를 죽이겠다고 토스카를 협박하면서 노골적으로 추행합니다.

인태 혹시 이 추행 장면에서 우리가 기다리는 명곡 '노래에 살고 사랑에 살고'(Vissi d'arte,vissi d'amore)가 나옵니까?

주호 네. 카바라돗시는 저 북소리와 함께 사형장으로 가고 있으니, 빨리 나에게 몸을 허락해야 애인 카바라돗시를 살릴 수 있다고 제시할 때 부르는 아리아입니다.

인태 토스카 아리아의 뜻도 간단히 부탁드립니다.

주호 '나는 노래에 살고 사랑에 살고, 남을 한 번도 해친 적이 없고… 늘 재단 앞에 고운 꽃을 바쳤는데'(Vissi d'arete, vissi d'amore, non feci mai male ad anima viva……! Sempre con fe' sincera diedi fiori agli altar) 하며 이

렇게 간절한 세계적인 노래는 두 부분으로 살짝 나누어집니다. 처음에는 '토스카의 일상적인 성숙한 삶'을 표현했고, 두 번째는 '카톨릭적인 종교적 삶을 살았는데 왜 이런 가혹한 시련을 주십니까'라는 부분으로 나누어집니다. 한마디로 시련에 빠진 강력한 기도문입니다. 음악적 표현으로 '왜 주님 아!'(Perche. Perche signor, ah) 이 '아!'의 '라' 음정을 피아노(Piano, 작은 소리)로 내야 하는 소프라노 토스카의 발성적으로 정말 어려운 부분입니다.

인태 네. 〈토스카〉 아리아 마지막 음정인 '라'에서 피아니시모(Pianissimo) 로 하지 않으면 노래가 재미없는 것 같아요.

주호 굉장히 힘든 벨깐토 기술입니다. 이 노래에서 피아니시모(아주 작은 소리) 기술로 마지막을 처리하는 소프라노가 많지 않습니다.

인태 저도 이 노래를 잘 부르는 성악가 많이 못 봤습니다.

주호 스카르피아는 토스카가 신에게 호소하는 장면을 즐기면서 본격적인 계략으로 들어갑니다.

인태 토스카가 결국 허락을 했군요.

주호 네. 〈토스카〉는 스카르피아 당신과 하룻밤을 보낼 테니 나와 카바라돗시가 같이 외국으로 떠날 수 있도록 해달라고 제안을 합니다. 나쁜 놈 스카르피아는 제안을 받아들이지만 토스카에게 남의 눈이 있으니 어쩔 수 없이 가짜 총살을 하고 나중에 살아서 둘이 같이 가라고 거짓말을 합니다.

인태 스카르피아에게 결국 당하네요.

주호 네. 스카르피아는 팔미에리 백작처럼 사형을 집행하라고 스폴레타에게 지시를 합니다.

인태 팔미에리 백작의 사형 방법이 어떤가요?

주호 가짜 사형이 아니고 진짜 사형을 하는 겁니다.

인태 그러면 토스카를 가지기 위해 가짜로 총살한다고 약속하고 자기의 욕심을 채운 후에는 진짜로 카바라돗시를 죽이는 천인공노할 거짓말이네요.

주호 바로 그것이 스카르피아의 계략입니다. 스카르피아는 총살을 지시하고 토스카가 원하는 국외 출국통행증을 진짜로 작성합니다. 먹잇감인 토스카를 취하려고(Tosca finalmente mia!) 덮치는 순간 토스카는 자기도 모르게 본능적으로 테이블 위에 있는 칼로 스카르피아를 찌르며 '이건 토스카의 키스다'(Questo e il bacio di Tsca!) 하며 죽입니다. 한 가지 성악가 입장에서 말씀드리면, 이 부분은 음악이 엄청나게 박자 맞추기 힘듭니다. 많은 스카르피아와 토스카가 자주 틀리는 곳입니다.

인태 살인을 했지만, 토스카의 어쩔 수 없는 선택 아닌가요? 아주 안타깝습니다.

주호 자신을 보호하기 위해 정당방위로 돌발적인 살인을 한 거지요! 정신을 차리고 토스카는 시신이 된 스카르피아의 손에 있는 통행허가증을 빼앗아 들고 사형장에 있는 애인 카바라돗시를 구하러 갑니다.

인태 통행증을 죽은 스카르피아 손에서 빼앗을 때 정말 사고도 잦았다
면서요?

주호 네. 스카르피아가 죽자 토스카는 나쁜 놈이지만 신앙으로 그의 죽
음을 애도하기 위해 촛대를 그의 머리 위에 하나 그리고 오른쪽에
하나 놓습니다. 그리고 오케스트라의 타악기 소리에 맞춰서 겁먹은
듯이 마지막 십자가를 스카르피아의 가슴에 놓고 애도를 하면서
'그 사람 앞에서 로마 전체가 떨고 있었다'(E avanti a lui tremava tutta
Roma)를 노래합니다.

인태 촛대와 마지막 십자가를 타악기와 같이 놓을 때 관객들도 깜짝 놀
라곤 하겠네요.

주호 맞습니다. 이 장면이 계산적으로 연출 선이 이루어지다 보니, 마리
아 칼라스가 토스카로 출연한 1965년 런던 코벤트가든 공연 때
에, 무대 책상에 있던 촛불이 마리아 칼라스 가발 머리에 붙어서 스
카르피아 역이었던 바리톤 티토 고비가 불을 소화한 적이 있고요,
1920년대에 뉴욕 메트로폴리탄 극장에서는 마리아 예리차가 토스
카 연기에 심취한 나머지 실제로 상대 스카르피아를 칼로 진짜 찔
렀다고 합니다.

인태 정말 웃지 못할 일이 무대에 일어났네요. 무대에 정말 불과 칼이 있
으니 위험하네요. 이렇게 카바라돗시를 구하러 〈토스카〉는 사형장
으로 가면서 2막이 내려지는군요. 정말 스카르피아의 부채를 통한
간교한 계략으로 드라마틱하게 만들어진 2막이었습니다.

주호 3막은 앞에서 말씀드린 대로 안젤로 성당 옥상이고 바티칸 궁전과 성 피에트로 성당이 보이는 무대입니다. 시작하자마자 두 곡의 명곡이 준비되어 있습니다.

인태 교수님, 자세히 설명해주십시오.

주호 첫곡은 '나의 무거운 한숨은'(Io de' sospiri)으로 어린 목동이 부르는 곡입니다. 토스카의 비극을 애도라도 하듯이 천사 같은 어린 목소리가 이 막장 오페라인 3막에 나옵니다.

인태 저도 기억이 납니다. 오페라 〈토스카〉에서 정말 잊을 수 없는 음악으로 우리 가슴을 텅 비게 하는 어린아이가 부르는 노래인듯합니다.

주호 푸치니의 천재성이지요. 인간의 비참한 삶에서 어린아이의 선한 목소리로 우리의 선의 공간을 끌어내는 창의성이라고 말씀드리고 싶습니다.

인태 어린아이가 부를 수 있는 오페라 아리아네요! 다음 곡은 무언가요?

주호 그 유명한 '별은 빛나건만'(E lucevan le stelle)입니다.

인태 저도 많이 부른 최고의 아리아이고 모든 사람이 가장 좋아하는 곡이 아닌가 싶습니다.

주호 특히 남성들이 가장 좋아하는 곡이기도 합니다. 당연히 테너 카바라돗시가 부르는 곡이 무슨 장면인지 아시지요?

인태 제가 알기론 사형 선고 전에 부르는 마지막 유언의 노래 아닌가요?

주호 역시 알고 계시네요. 마지막으로 카바라돗시는 애인 토스카에게 한 장의 편지를 씁니다. '별이 빛나고 대지는 아름다운데'(E lucevan le stelle... ed olezzava la terra)라며 마지막 세상과의 이별을 이야기하고 '오! 뜨겁고 달콤한 당신과의 키스로 날 떨게 했고, 너의 고운 몸의 베일을 벗어 버렸네!'(Oh! dolci baci, o languide carezze, mentr'io fremente le belle forme disciogliea dai veli!)의 열정적으로 사랑했던 토스카를 떠올립니다. 마지막으로 '이제 절망 속에서 죽어가오!'(E muoio disperato!) 죽음에 대한 공포를 이야기하는 3단계로 나누어지는 절규의 아리아입니다.

인태 멋진 3단계 가사와 푸치니의 멜로디가 융합되어 명곡이 탄생이 되었네요.

주호 마지막 유언의 아리아를 부르고 비통해 있는데, 토스카는 '특별허가증 토스카, 한 신사와 동행을 허락함'(Franchigia a Floria Tosca … e al cavaliere che l'accompagna)을 보여주고 자유가 생긴 것을 만끽합니다. 그리고 3막의 마지막 이중창인 '당신의 피와 나의 사랑'(Il tuo sangue o il mio amore)에서 스카르피아를 어쩔 수 없이 우발적으로 죽일 수밖에 없었다는 것에 카바라돗시가 토스카를 위로하는 내용을 담고 있습니다.

또 토스카가 가지고 온 통행증을 들고 거짓말 사형 선고를 잘 끝내고 로마 근교 항구 도시로 가서 '새로운 세상을 위해 배를 타고 나가자'라며 영원한 사랑을 꿈꾸는 이중창입니다.

인태 앞에서도 들었지만 바리톤 스카르피아가 토스카에게 제안한 가짜
      사형은 거짓이고 진짜로 죽이잖아요!

주호 죽은 스카르피아의 짜놓은 계략대로 토스카와 카바라돗시는 아무
      것도 모르는 채 각본대로 사형장으로 갑니다.

인태 총살의 사형 집행이 거행되지요!

주호 앞에 말씀드린대로 새벽 4시에 총성은 터지고 카바라돗시는 진짜
      총에 맞아서 죽게 됩니다. 죽은 카바라돗시를 보면서 마지막 토스
      카의 레치타티보, '빨리 마리오! 마리오! 일어나 가요 어서 일어나
      세요. 마리오! 마리오!'(Presto! Mario!Mario! su presto Andiam su, su! Mario!
      Mario!)로 부르지만, 사랑하는 카바라돗시는 일어지 않습니다! 토스
      카는 가짜 사형 선고가 아니라 진짜 사형 선고로 카바라돗시가 총
      에 맞아 죽었다는 사실을 늦게 깨닫고 비통해합니다. '스카르피아,
      이놈아 신 앞에서 보자'(O Scarpia, avanti a Dio!)라고 마지막 말을 하면
      서 안젤로 성벽 밑으로 몸을 던져 사랑하는 카바라돗시를 따라갑
      니다.

인태 이렇게 드라마틱한 오페라 〈토스카〉의 막이 내려가는군요.

주호 두 예술가의 아름다운 사랑은 혼탁한 정치적 상황에서 악독한 스
      카르피아의 계략에 빠져 이루어지지 못합니다. 결국 두 사람의 죽
      음으로 오페라는 끝이 나게 됩니다.

주호 오페라는 끝났지만 사실 재미있는 에피소드가 여러 개 있습니다.

인태 조금 이야기해주시고, 웃으면서 〈토스카〉를 마무리하시지요.

주호 3막에 나오는 마지막 총살 장면인데요. 가끔 무대에서 사실적인 표현을 위해서 2005년에 진짜 탄약을 사용하여 일어난 일입니다. 출연한 소총수들의 실수로 테너 파비오 아르밀리아토의 다리에 총을 쏘았다고 합니다. 그때 객석에서 공연을 보던 의사가 올라와서 응급 처치를 해서 목숨은 건졌다고 하네요.

인태 정말 다행입니다. 또 다른 이야기도 있나요?

주호 마지막 토스카의 자살 장면에서 소프라노들이 잘못 뛰어내려서 발목 부상이 자주 발생되었다고 합니다. 사실 제가 공연할 때도 소프라노 부상이 있었습니다. 그래서 발목 부상을 막기 위해 매트를 여러 개 깔아놓다가 또 다른 웃지 못할 사건이 생기는데요.

인태 뭐지요?

주호 매트의 쿠션이 너무 좋아서 토스카가 뛰어내렸지만 도약이 되어 죽지 않고 튕겨서 머리가 보여 객석에서 웃음이 터졌다고 합니다.

인태 정말 재미있습니다. 정말 비극의 오페라를 코믹으로 결실을 봅니다. 교수님, 감사합니다.

주호 긴 시간 감사합니다!

이탈리아 'Macerata Sferisterio' 프로덕션 한국 내한, 세종문화회관,
〈토스카〉 커튼콜 우주호(스카르피아 역)

〈토스카〉 출연자 티찌아나 카루소, 진카를로 몬살테, 우주호, 최승환

Opera 05 | 카발레리아 루스티카나 (Cavalleria Rusticana)

〈카발레리아 루스티카나〉 한눈에 보기

1. 프랑스에서 시작한 자연주의 열풍의 영향으로 이탈리아 사실주의 오페라 첫 작품입니다.
2. 귀족, 영웅 중심의 오페라 이야기에서 일반 서민들의 이야기로 구성되어 있습니다.
3. 인테르메쪼(Intermezzo, 간주곡)가 너무나 아름답고 정말 유명합니다.
4. 오페라 이야기가 실시간으로 진행되어 더욱 사실주의가 실감이 납니다.
5. 오페라의 마지막 장면은 연극적인 요소를 도입해 비극 표현을 더욱 극대화했습니다.

작가 : 이윤이, 제목 : 카발레리아 루스티카나

불륜의 끝을 적나라하게 보여주는
사실주의 오페라

인태 오페라 고수, 우주호 교수님을 모시겠습니다.

주호 감사합니다. 혹시 결투해보셨나요?

인태 교수님, 갑자기 이런 질문을 하시니 당황스럽네요. 중세 시대도 아
       니니 결투는 안 해봤지만, 친구들과는 싸움은 해봤습니다.

주호 그럼 결투라는 제도가 언제 없어진 줄 아시나요?

인태 아니오. 결투에 대해 알고 싶습니다.

주호 결투는 1600년 후반에 시작되어 300년간 유행했고, 20세기 1차
       세계대전에서 사라졌다고 합니다.

인태 결투는 어떻게 시작되었나요?

주호 귀족들이 만든 문화입니다. 일반 재판은 인간의 판단이고, 결투는
       신의 판단이라고 생각했던 시대에 서로 재판을 하다가 의견이 대립
       할 경우에 결투를 선택해서 정의와 명예를 지켰다고 합니다. 남자
       다움, 기사 정신, 자신의 정의와 명예를 지키기 위해서 이런 결투의

문화가 생겼으나, 1차 세계대전으로 수만 명의 살생과 희생이 있을 때 어리석은 문화로 재해석되어 없어진 것 같습니다.

인태 정말 재미있네요. 그런데 오늘 갑자기 결투 이야기를 왜 하시나요? 결투가 있는 오페라가 있나요?

주호 네. 조금 있습니다! 지금 소개할 오페라를 한번 맞추어보시면 좋겠습니다. 한 가지 힌트를 드리면, 인테르메쪼가 유명한 오페라이기도 합니다.

인태 대충 알겠습니다. 이탈리아 배경이지요?

주호 이탈리아 시칠리아입니다.

인태 정확히 알겠습니다. 〈카발레리아 루스티카나〉입니다.

주호 역시 아주 훌륭한 학생입니다.

인태 감사합니다. 이 정도는 많이 알려진 사실입니다.

주호 81세에 로마에서 사망한 작곡가 피에트로 마스카니(Pietro Mascagni, 1863~1945)의 '시골의 기사도'(Cavalleria Rusticana)입니다. 이 오페라에서 결투로 인한 살인 이야기를 다룬 베리즈모(Verismo, 사실주의) 오페라입니다.

인태 왜 결투가 일어났는지는 오페라 이야기를 할 때 말씀해주시고 〈카발레리아 루스티카나〉의 원작부터 설명해주실까요?

주호 원작은 시칠리아 출신의 조반니 베르가(Giovanni Verga)의 단편 소설 〈카발레리아 루스티카나〉를 기초로 조반니 타르조니 토체티와 귀도 메나시가 이탈리아어 대본을 완성했습니다. 두 사람의 대본으로 작곡가 마스카니는 이탈리아 로마 손초뇨 출판사가 주최한 오페라 단막극 콩쿠르에서 1등을 하게 되었습니다. 마스카니는 지금까지의 오페라 형태인 영웅이나 귀족 중심의 이야기에서 탈피했습니다. 19세기 프랑스 자연주의에서 영향을 받은 이탈리아 사실주의를 바탕으로 서민을 주제로 한 오페라를 작곡해서 전 유럽을 강타했습니다.

인태 서민이 주인공이 된 오페라 이야기가 마스카니로부터 시작되었군요. 교수님! 이제 오페라 초연에 대해 알아볼까요?

주호 로마 콘스탄치 극장에서 1890년 5월 17일에 초연했습니다. 이 〈카발레리아 루스티카나〉는 첫 공연 때부터 초대박이 난 작품입니다. 한 가지 특이사항은 이 작품이 시간이 짧은 1막이라서 또 다른 사실주의 오페라 작품인 〈팔리아치〉(Pagliacci)와 같이 1, 2부처럼 자주 올라갑니다.

인태 오페라가 짧으니까 두 오페라가 합쳐서 공연되는군요. 교수님은 이 작품을 다 하셨지요?

주호 네. 로마시에 있는 브란칸초국립극장에서 1998년에 저도 한 무대에서 1, 2부인 두 오페라를 다 공연했습니다.

인태 아니, 공연 시간이 짧은 문제로 두 작품을 같이 하는데, 한 사람이 〈카발레리아 루스티카나〉의 알피오와 〈팔리아치〉의 토니오를 같이 연기했다는 것이 사실인가요? 정말 흔한 일이 아닐 텐데요?

로마 브란칸초국립극장 오페라 〈팔리아치〉 우주호 출연(토니오 역)

출처 : 저자 제공

서울시 오페라단 〈카발레리아 루스티카나〉 우주호 출연(알피오 역)

출처 : 저자 제공

주호 저도 로마시에서 주최하는 오페라 콩쿠르에 1등을 해서 이런 기회를 가질 수 있었습니다. 젊고 겁 없을 때라서 할 수 있었던 것 같습니다.

인태 역시 자랑스럽습니다. 자, 이제 오페라 이야기로 들어가볼까요?

주호 출연자부터 소개하겠습니다. 사실주의는 현존 오페라와 다르게 평민 중심의 출연진으로 되어 있습니다. 먼저 군대 제대 후 어머님의 선술집에서 일을 돕고 있는 테너의 주인공 뚜릿뚜는 약혼한 연인이 있는데도 롤라라는 유부녀와 불륜을 저지르는 한심하고 단순한 친구입니다. 그리고 그의 약혼자인 드라마틱 소프라노 산뚜짜는 전형적인 열정이 있는 시칠리아 아가씨입니다. 뚜릿뚜의 불륜을 알고도 끝까지 포기하지 않지만, 순간의 혈기로 뚜릿뚜를 죽음으로 몰아가는 불행한 여자 역할입니다. 그리고 시칠리아 마부이면서 성격이 강한 바리톤 알피오는 돈을 벌기 위해 며칠씩 집을 비웁니다. 아내 롤라가 뚜릿뚜와 불륜을 저지르자 격분해서 뚜릿뚜를 결투 현장에서 죽이는 강한 이미지의 역할입니다. 그리고 마을에서 제일 예쁜 메쪼소프라노인 알피오의 아내 롤라는 남편 알피오가 없는 사이에 옛사랑 뚜릿뚜를 집으로 불러서 열정적인 불륜의 사랑을 하는 여인입니다.

인태 부부와 약혼자들 사이에 일어나는 비극 이야기군요.

주호 네, 마지막 한 사람은 평범한 뚜릿뚜의 어머니인 메쪼소프라노 루치아입니다.

인태 단막극이라서 출연진도 다섯 명으로 아주 단출하군요.

주호 출연진은 적지만 거침없는 대사와 숨 막히는 진행 그리고 평생 잊지 못할 선율로 작곡된 오페라입니다. 이 짧은 시간 안에 3곡의 아리아와 환상적인 대합창이 있습니다. 마스카니의 천재적인 음악은 사실주의를 대표하는 첫 작품으로 손색이 없고 오페라의 새로운 시대를 열기에 충분했습니다.

인태 이제 오페라 이야기로 들어갑니까? 오페라를 한마디로 먼저 부탁합니다.

주호 한 젊은 청년이 어리석은 불륜을 저질러서 어머님을 뒤로 하고 죽는 오페라입니다.

인태 아. 불륜 이야기네요. 이야기 부탁드립니다.

주호 19세기 시칠리아의 어느 섬이 배경으로 부활절 아침입니다. 노래가 있는 서곡으로 시작됩니다.

인태 서곡이라면 오케스트라 연주로만 하는 것이 아닌가요? 서곡 안에 노래가 있다 하니 너무 궁금합니다.

주호 마스카니는 시칠리아의 향취가 물씬 나는 오케스트라 편성으로 구성되어 있습니다. 리릭꼬 스핀또(Lirico spinto, 풍성하고 강한) 테너 뚜릿뚜의 소리로 불륜 후에 행복에 취해 부르는 아리아로 사실주의 오페라를 시작합니다.

인태 조금 어렵습니다.

주호 서곡은 오페라 전체 이야기를 관현악으로 표현하는 것이지만, 작곡가 마스카니는 오페라를 더 사실적으로 표현하기 위해서 뚜릿뚜가 알피오 집에서 그의 아내 롤라와 몰래 바람을 피우고 행복해서 사랑의 세레나데를 부르는 부분을 첨가해 서곡까지 사실적으로 표현한 것입니다.

인태 사실적인 첫 장면이니, 우리가 극을 실감할 수 있겠네요. 그럼 서곡 테너 뚜릿뚜의 아리아에 대해 간단한 해석 부탁드립니다.

주호 '나의 순결한 롤라는 꽃 같은 사랑이어라'(O Lola bianca come fior di spino)로 시작하는 노래인데 '나의 목숨을 다해서 당신을 사랑하고 어디까지나 당신을 따라가리라' 하고 사랑에 푹 빠진 뚜릿뚜의 세레나데입니다.

인태 서곡의 개념이 다르게 느껴지네요.

주호 부활절을 알리는 교회 종소리와 함께 시칠리아 마을 사람들이 멋진 대혼성합창을 부르면서 '오렌지 향기가 있어 온마을은 황금빛으로 물들었네'(Gli aranci olezzano) 하며 무대에 등장합니다.

인태 첫 장면에 대합창으로 상큼하게 시작하네요.

주호 이 합창은 시칠리아의 아름다운 봄날에 우리 사랑이 꽃을 피운다는 정말 사랑스러운 혼성 대합창입니다. 공연을 보면서 시칠리아를 느끼기에, 충분한 합창입니다.

인태 봄날의 오렌지 향기가 물씬 나는 장면이군요.

주호　부활절 아침에 뚜릿뚜의 행방을 모르는 드라마틱 소프라노 산뚜짜는 뚜릿뚜의 어머니인 루치아에게 아들이 바람을 피운다고 하소연합니다.

인태　합창 이후 첫 오페라 대사가 바람피우는 가사이네요!

주호　당신의 아들 뚜릿뚜가 와인을 사러 프랑코 폰테에 가지 않고 마을에 남아서 바람을 피운다고 직접 말하지만, 어머니 루치아는 산뚜짜의 말을 믿지 않습니다.

인태　사실주의 오페라라서인지 진행이 아주 빠르네요.

주호　사실을 모른 채 바리톤 마부 알피오는 돈을 벌기 위해 멀리 갔다가 부활절이 다가와서 아내 롤라가 보고 싶어 채찍을 휘두르면서 성당 마을 광장에 들어옵니다.

서울시 오페라단 〈카발레리아 루스티카나〉 우주호 출연(알피오 역)

출처 : 저자 제공

연극적 기법으로 더 사실적으로 표현한 뚜릿뚜의 죽음

인태 이번 시간에는 알피오의 등장 아리아부터 이야기를 시작해볼까요? 이 아리아가 아주 멋지잖아요!

주호 맞습니다. '말들은 뛰어놀고'(Il cavallo scalpita)의 알피오의 아리아는 정말 박진감이 넘칩니다. 선율에서 음 진행의 도약 부분이 많아서, 강력한 알피오를 표현하기에 충분한 음악입니다. 또한 중간 부분에서 알피오의 아내에 대한 사랑과 친구를 그리워하는 것을 보여주는 최고의 바리톤 아리아입니다.

인태 저도 이 노래 정말 좋아합니다. 외국에는 진짜 말도 등장하면서 아리아를 부르잖아요!

주호 오페라의 흥미를 위해서 가끔 출연합니다. 여기서 마음 불편하게 알피오의 등장을 지켜보는 두 사람이 있습니다. 그들의 간단한 레치타티보 음악으로 오페라의 비극을 감지할 수 있습니다.

인태 그들은 뚜릿뚜의 어머니 루치아와 애인 산뚜짜이지요. 어떤 대화인 가요?

주호 마부 알피오는 어머니 루치아에게 '오늘 아침에 뚜릿뚜를 우리 집에서 보았다'(L'ho visto stamattina vicino a casa mia)라는 말을 하는데 루치아는 '정말?'(Come?)이냐고 합니다. 이때 산뚜짜가 몰래 '조용히 하세요'(Tacete)라고 말리는 1분짜리 레치타티보입니다.

인태 1분 전후의 음악이 오페라를 다 보여주네요!

주호 네. 그리고 뚜릿뚜의 안녕을 바라는 산뚜짜와 루치아의 마음을 표현하는 최고의 부활절 교회음악인 '하늘의 여왕이시여 기뻐하소서, 할렐루야!'(Regina coeli laetare, Alleluja!)가 오르간과 함께 장엄하게 울려 퍼집니다. 여기서도 대 작곡가 마스카니는 인간의 비극적 요소와 교회음악을 앙상블을 함으로써 선과 악의 대립 구도를 표현하는 최고의 합창입니다.

인태 저는 여기서 산뚜짜의 중간 곡 중 솔로는 소름이 돋습니다. 아직도 기억이 생생합니다.

주호 저는 괜히 눈물이 나요! '살아계신 주님을 찬양합니다'(Inneggiamo il signor non e morto)라는 이 노래를 들을 때, 일반 서민의 일상적인 삶이 기도문으로 노래가 되는 대합창의 전율이 느껴져서 더 감동적인 것 같습니다. 그리고 음악적 감상 포인트는 소프라노 산뚜짜 소리가 합창단 사이로 뚫고 객석으로 나와야 진짜라고 성악인들은 이야기합니다.

인태 아니, 단막극인데 벌써 대합창이 두 번이나 나왔네요. 놀랍습니다!

주호 그만큼 음악의 진행이 순조롭고 꽉 차 있다는 증거입니다. 두 번의 합창 이후에 산뚜짜의 드라마틱한 아리아, '어머니도 아시지만'(Voi lo sapete, o mamma)을 간절하게 부릅니다. 한가지 짚고 넘어가야 할 것이 있습니다. 이 아리아는 엄마 루치아에게 아들을 돌려 달라고 도움을 요청하는 것이 아니고, 아들이 지금 불륜을 저지르고 있다고 설명하는 아리아입니다. 이 노래가 끝이 나고 산뚜짜 노래 중에 루치아에게 '뚜릿뚜가 곧 돌아올 테니, 기도해주세요'(E pregate per me. verra Turiddu)라고 설명합니다.

인태 아리아 자체는 뚜릿뚜가 나를 버리고 알피오의 아내인 롤라와 불륜 관계라고 설명하는 곡이군요! 그런데 이 아리아가 드라마틱 소프라노가 노래하는 것이지만, 가끔 메쪼소프라노도 한다고 들었습니다. 맞습니까?

주호 산뚜짜 역은 워낙에 극적인 소리와 사실적 감정을 요구하므로 고음이 좋은 메쪼소프라노도 가끔 합니다.

인태 롤라에게 애인을 빼앗긴 비운의 소프라노를 표현하려면 소리의 질감이 강해야 하는군요!

주호 드라마틱 소리라야 사실주의 오페라를 잘 표현할 수 있습니다.

인태 이 드라마틱한 아리아 설명 부탁드립니다

주호 간단히 말씀드리면 뚜릿뚜의 어머니 루치아가 '왜 나에게 조용하라고 했었니?'(Perche m'hai fatto segno di tacere?) 하고 질문하자 산뚜짜가 대답하는 아리아입니다. 노래 내용을 간단히 설명해드리면, '군대 가기 전에 뚜릿뚜와 롤라는 약혼했지만, 롤라는 뚜릿뚜를 버리고 돈 많은 알피오에게 시집을 갔어요. 하지만 제대 후에 나쁜 롤라는 다시 뚜릿뚜를 유혹해서 나에게서 빼앗아갔습니다'라고 엄마 루치아에게 설명하는 노래입니다.

인태 호소의 노래가 아니고 설명의 노래인 것을 처음 알았습니다. 뚜리두가 너무 어리석군요. 자기를 챙긴 진실된 산뚜짜를 버리고 왜 롤라를 선택해서 불행을 자처하는지 아쉽네요.

주호 여기 이중창을 보면 뚜릿뚜가 얼마나 향락에 젖어 있는지 알 수 있습니다.

인태 '산뚜짜 여기 있었네?'(Tu qu Santuzza?)이지요. 이 이중창도 너무 드라마틱해서 성악가들이 많이 어려워하는 노래이지요?

주호 발성적으로는 철저한 절제력이 필요한 아리아입니다. 가사의 내용에 흥분해서 소리를 강하게 내면 노래를 끝까지 못 부르는 사태가 간혹 발생합니다. 간단하게 내용을 말씀드리면 산뚜짜는 모든 걸 용서할 테니 사랑을 다시 하자고 합니다. 뚜릿뚜는 그녀의 사랑에 싫증이 나서 헤어짐을 요구하는 노래입니다. 서로 악한 감정만 확인하고 이중창 마지막에는 뚜릿뚜는 '이제 당신이 패악을 부리는 것도 못 참겠다'(Dell'ira tua non mi curo!) 이렇게 욕을 하고, 산뚜짜는 뚜릿뚜에게 '당신의 부활절은 저주를 받을 거다. 이 배신자야!'(A te la mala Pasqua, sperguiro!)로 서로 저주를 하면서 격렬히 헤어지는 드

라마틱한 이중창입니다. 뚜릿뚜가 나가고 분에 찬 산뚜짜는 지나

가는 바리톤 알피오에게 말을 건네면서 폭로의 이중창이 바로 나

옵니다.

인태　이중창의 연속이네요! 뚜릿뚜와 산뚜짜 그리고 산뚜짜와 알피오의

　　　이중창을 드라마틱하게 듣네요! 숨 막히는 마스카니의 작품이네요!

주호　네. 한국에서도 많이 했습니다. 이렇게 마스카니는 극사실주의를

　　　표현하기 위해 모든 역할을 드라마틱한 성부로 선택했습니다. 오페

　　　라 이야기를 더 파격적이고 생동감 있게 작곡한 것입니다. 저도 여

　　　러 번 해봤는데 가사와 음악의 진행이 아주 직설적입니다.

서울시 오페라단 〈카발레리아 루스티카나〉 우주호 출연(알피오 역)

출처 : 저자 제공

대구시립오페라단 〈카발레리아 루스티카나〉 우주호 출연(알피오 역)

출처 : 저자 제공

인태 처음 이중창은 산뚜짜와 뚜릿뚜의 파멸의 이별을 하면서 욕과 저
     주를 하고 두 번째 산뚜짜와 알피오의 이중창은 어떤 내용인가요?

주호 한마디로 고자질입니다! 너무 원색적인가요? 사실주의 오페라를
     설명하다 보니 저도 강한 단어를 선택하게 되네요. 산뚜짜는 뚜릿
     뚜가 이별을 통보하자마자 분노한 나머지 알피오에게 뚜릿뚜가 당
     신 아내 롤라와 불륜의 관계라는 사실을 폭로하는 이중창입니다.

인태 정말 오페라 이야기가 진행이 빠르고 거침이 없네요! 알피오는 아
     내 롤라의 부정함과 하찮은 젊은 친구 뚜릿뚜의 도전에 격분하겠
     네요!

주호 이중창에 보면 오케스트라의 관악기 소리와 격정적인 성악의 드라

마틱한 소리가 부딪치면서 배반당한 인간의 감정을 폭발적으로 표현을 합니다. 알피오는 '원수를 갚으리라'(Ah! vendetta avro)라는 말을 수차례 외치면서 폭로의 이중창은 마무리됩니다.

인태 누구 한 명 죽겠는데요?

주호 아직은요! 폭풍 전야가 고요하듯이 이중창 이후에 여러분이 가장 사랑하고 세계인이 인정하는 선율 1위인 이 작품의 서곡(인테르메쪼, Intermezzo)이 등장합니다. 아마 들으시면 누구나 다 아시는 간주곡입니다.

인태 결혼식 축하 연주에도 많이 사용되지요? 교수님! 질문 있습니다. 아니 불륜의 오페라인데 왜 새로운 출발을 하는 결혼식에 사용이 많이 되나요? 그래서 이혼율이 높나요?

주호 제 개인적인 생각을 말씀드리겠습니다. 인테르메쪼는 불륜과 분노 그리고 배신을 폭풍우처럼 표현한 후에 마스카니는 종교적 선율과 시칠리아의 정신이 있는 믿음의 선율을 도입해 아름답고 행복한 인간의 삶을 현악기 중심으로 표현하고자 정말 환상적인 인테르메쪼를 작곡한 것 같습니다. 정말 아름다워서 우리나라에서 결혼식에 등장했겠지만, 사실 저도 결혼식에 등장하는 것은 개인적으로 반대입니다.

인태 이 곡만 생각하면 정말 아름다운 뜻을 담고 있군요! 저도 교수님 말씀 듣고 보니 이 곡을 결혼식에 연주한다는 것은 좀 어색하네요.

선택은 여러분이 하시기로 하겠습니다! 아름다운 간주곡이 끝나고 화해를 하나요?

주호 부활절 예배를 드리고 모든 마을 사람들은 신에 대한 감사와 행복함으로 마을 광장에 나와서 교제를 나눕니다. 뚜릿뚜는 '자, 친구들이여. 모두 와인 한잔합시다'(Intanto amici, qua, beviamo un bicchiere)라고 롤라와 마을 사람들에게 제안하면서 다시 한번 부활을 축하합니다. 이 아리에타(Arietta, 작은 아리아)는 정말 통쾌하고 간결하게 작곡되어 정말 박수를 많이 받는 장면이기도 합니다.

인태 교수님, 1막 부활절 예배로 시작하면서 합창과 알피오의 마부의 노래 그리고 두 곡의 드라마틱한 이중창과 산뚜짜의 아리아, 수많은 레치타티보가 부활절 예배 끝날 때까지, 즉! 이 모든 이야기가 한 75분 정도에 일어난 내용인가요?

주호 네. 그것이 바로 사실주의 오페라의 특징이자 장점입니다. 우리 주변에서 일어날 수 있는 서민적인 이야기와 누구나 주인공이 될 수 있는 이야기로 시간과 공간을 포착해 가장 사실적으로 표현하는 오페라 장르라는 것을 다시 한번 더 설명해드리겠습니다.

인태 이야기가 실시간으로 진행되니 정말 재미있습니다.

주호 그 당시 이탈리아의 사실주의 작곡가 마스카니와 움베르토 조르다노(Umberto Giordano) 그리고 루제로 레온카발로(Ruggero Leoncavallo), 이 3대 작곡가는 이런 작곡법으로 명작을 남겼습니다.

인태 리얼 오페라의 큰 장점을 느낄 수 있는 순간입니다. 오페라 이야기로 들어가보지요.

주호 뚜릿뚜는 더 과감하게 롤라와 사랑의 교감을 하면서 마을 사람들 앞에서도 겁도 없이 부활절 축배를 들 때 롤라의 남편인 알피오가 들어오면서 드라마틱한 소리로 '당신의 건강을 위하여!'(A voi tutti salute!)를 부르면서 비범하게 등장합니다.

인태 불안합니다. 아니 왜 뚜릿뚜는 그냥 조용히 집에 갈 것이지 사람들을 모아서 불륜의 현장을 들키는지 이해가 안 되네요!

주호 뚜릿뚜의 감정은 무절제 상태이고 남편에게 가는 롤라를 잡기 위해 와인으로 축배를 제안한 것입니다.

인태 롤라가 진짜 바람둥이네요. 뚜릿뚜는 아직 알피오가 자기의 불륜 사실을 알고 있다는 걸 모르고 있지요?

주호 맞습니다! 아무것도 모른 채 뚜릿뚜는 알피오에게 축배의 잔을 건넵니다. 하지만 알피오는 '고맙지만 너의 와인 잔은 받지 않겠다. 마시면 내 가슴에서 독이 될 테니까!'(Grazie, ma il vostro vino io non l'accetto diverrebbe veleno entro il mio petto) 하며 불륜의 장본인들인 뚜릿뚜와 롤라를 위협합니다.

인태 이제 뚜릿뚜가 불륜이 발각되었다는 사실을 알게 되었군요.

주호 모든 마을 사람도 알게 된 거지요! 롤라와 마을 사람은 무서워서 한두 명씩 사라지고 뚜릿뚜가 먼저 결투를 알피오에게 제안합니다.

인태 왜 뚜릿뚜가 먼저 결투를 제안하나요? 결과는 어떻게 되나요?

주호 뚜릿뚜는 술기운으로 한순간의 감정을 조절 못 한 채 알피오의 귀를 물어뜯습니다.

인태 왜지요?

주호 결투를 하자는 시칠리아 인들의 사인입니다.

인태 정말 백수건달인 테너 뚜릿뚜는 대책이 없네요.

주호 강한 알피오가 결투를 수락한 후에 뚜릿뚜는 이제야 정신이 듭니다. 죽음의 결투 앞에서 어머니 루치아에게 '어머님 산타루치아의 어머니가 되어주세요'(Voi dovrete fate da madre a Santa)라고 합니다. 마지막 유서로써 후회의 오페라 아리아 '어머님 저 술 한잔이'(Mamma quel vino)를 부릅니다.

인태 정말 좋아하는 오페라 아리아인데 상황을 보면 좀 못난 노래네요! 하지만 너무 아름다운 노래인데요.

주호 다시 한번 말씀드립니다. 종합예술인 오페라는 사회의 부정함과 부도덕한 일들을 아름다운 음악으로 소화하는 예술적 정화 역할을 하는 장르라고 말씀드리겠습니다!

인태 맞습니다. 잠시 오페라의 정신과 역할을 잊고 있었네요.

주호 뚜릿뚜는 마지막으로 어머님의 무릎에 안겨서 감사와 죄송한 마음을 표현하고 알피오가 정한 마을 장소로 결투하러 갑니다.

인태 어떻게 되나요? 뚜릿뚜가 죽는 건가요?

주호 네! 작곡가 마스카니는 뚜릿뚜의 죽음을 더 사실적으로 표현하기 위해 엄청난 연극적 기법을 사용합니다.

인태 사실주의 오페라의 끝판을 보여주는군요.

주호 한 여자의 외침이 오페라의 대미를 장식합니다.

인태 오페라이면 노래로 보통 끝이 나지 않나요?

주호 네. 일반적으로는 음악으로 시작해서 음악으로 끝나지만, 사실주의 오페라는 대부분 마지막은 연극적 대사로 끝이 납니다. '그가 뚜릿뚜를 죽였다'(Hanno ammazzato compare Turiddu)라고 합니다. 한 여인의 절규 소리가 소름 끼치게 무대를 여러 번 덮을 때, 엄마 루치아와 약혼자 산뚜짜의 경악하는 소리와 드라마틱한 관악기가 동반된 오케스트라의 꽉 찬 소리가 오페라의 끝을 알립니다.

Opera 06 | 리골렛또(Rigoletto)

〈리골렛또〉 한눈에 보기

1. 이 오페라의 처음 제목은 '저주'입니다.
2. 남성합창이 다른 오페라에 비해 많아서 오페라의 웅장함을 감상할 수 있습니다.
3. 테너 아리아가 각 막에서 처음으로 등장해 오페라를 설명합니다.
4. 귀족의 타락상을 고발하는 오페라입니다.
5. 합창으로 관현악과 함께 폭풍우를 표현하는 기법을 사용했습니다.

작가 : 이윤이, 제목 : 리골렛또

어긋난 부성애로 인한 저주

인태 바리톤 우주호 교수님과 함께 오페라 여행을 떠나겠습니다.

주호 안녕하세요. 오늘도 여러분이 뵙고 싶어서 뛰어 왔습니다.

인태 저희도 교수님을 간절히 기다리고 있었습니다. 오페라 여행, 바로
가겠습니다.

주호 오늘은 여러분이 가장 좋아하시는 오페라를 준비해 왔습니다.

인태 기대 됩니다! 우리가 잘 아는 오페라인가요?

주호 ○○마트 텔레비전 광고에 사용했던 멜로디 기억하시나요?

인태 당연히 알지요. 누구나 알고 있지 않나요?

주호 광고 멜로디의 주인공인 유명한 아리아, '여자의 사랑은 움직인
다'(La donna e mobile)가 나오는 오페라입니다.

인태 아, 작곡가 베르디 작품의 〈리골렛또〉네요! 최고의 작품이고 정말
대중의 사랑을 많이 받는 오페라이지요.

주호 세계에서 많이 공연되는 오페라 중에 한 작품입니다.

대전오페라단 우주호 출연(리골렛또 역)

인태 리골렛또 역는 바리톤 성부가 노래하지요? 교수님도 이 작품을 많
이 하셨고요.

주호 운이 좋게 신인일 땐 조연 그리고 데뷔 후에는 주연 리골렛또까지
많은 기회를 얻었습니다.

인태 〈리골렛또〉 오페라를 한마디로 정리하시면 어떻게 될까요?

주호 어렵지만 한번 해보겠습니다. '어긋난 부성애로 인한 저주'라고 저
는 말씀드리고 싶어요.

인태 또 다른 간단한 표현은요?

주호 '타락된 귀족들의 추태'라고 할 수 있겠네요.

인태 또 다른 표현은요?

주호 '저주로 인한 가련한 딸의 죽음'으로 마무리하겠습니다.

인태 짧은 세 번의 질문으로 베르디의 대작 오페라 〈리골렛또〉를 파악했습니다. 아니, 오페라 〈리골렛또〉가 초연할 때 큰 사고 있었다고 전해지던데요?

주호 초연 공연 때 출연자 리골렛또가 큰 사고로 발목 부상이 있었다고 합니다.

인태 주인공 리골렛또가 꼽추 역할인데, 어떻게 했을까요?

주호 1851년 3월 이탈리아 페니체 극장에서 초연을 했을 때 기립박수로 대성공을 했는데요. 그 대성공의 배경 중에는 〈리골렛또〉를 초연한 바리톤 펠리체 바레스(Felice Bares)가 꼽추의 변장으로 무대에서 노래하다가 갑자기 발목 부상을 당했다고 합니다. 상상을 해보세요.

인태 무대에서 발목을 다치면 노래가 힘들지 않나요.

주호 하지만 불행의 아이콘인 리골렛또가 꼽추인데 발이 불편해서 절룩절룩하니 더 불쌍하게 보였겠지요?

인태 아! 네.

주호 그 발목 부상이 불쌍한 부성애를 잘 표현하는 성공의 열쇠가 되어버립니다!

인태 정말 연기가 저절로 나왔겠네요.

주호 그렇지요! 관객에서는 부상의 사실을 모르는 채 감상을 하면서 리골렛또의 연기에 감탄한 것이지요!

인태 정말 재미있는 사실이네요. 오늘 진행이 좋습니다.

인태 다음 질문입니다. 원작이 당연히 존재하겠지요?

주호 네. 먼저 《레미제라블》과 《노트르담의 꼽추》를 쓴 빅토르 위고 (Victor-Marie Hugo)의 《왕은 즐긴다》가 〈리골렛또〉의 원작입니다. 뒷 이야기인데 처음에는 빅토르 위고가 자기 작품이 오페라로 작곡되 는 것을 싫어했다고 합니다.

인태 무슨 일이 있었나요?

주호 하지만 베르디와 친구인 오페라 대본가 피아베가 《왕은 즐긴다》를 오페라 대본으로 탄생시키고 오페라가 초연된 후에는 오페라의 음 악에 감동해서 큰 만족을 했다고 합니다.

인태 그 당시에 오페라 대본가가 있었군요. 대본가란 직업은 한국에 있 나요?

주호 직업군에는 없는 것으로 알고 있습니다. 드라마 작가는 한국에 있 지만, 오페라 대본가는 아직 열악한 실정입니다.

인태 한국도 세계적인 오페라, 뮤지컬 대본가가 나오길 기대합니다.

주호 네, 그리고 원작에서 빅토르 위고는 실존 인물인 왕을 배경으로 소 설을 썼다고 합니다. 앞에서 소개한 유명한 아리아 '여자의 마음'의 원시를 쓰신 분이 프랑스의 왕인 프랑수아 1세입니다.

인태 프랑수아 1세 왕이 작시를 했다는 말씀이지요. 프랑수아 1세가 호 색가 만토바 공작인가요?

주호 그렇지요! 오페라로 각색할 때 왕에서 만토바 공작으로 바뀐 것입 니다.

인태 그럼 주인공 리골렛또와 딸 질다는요?

주호 리골렛또도 실제 인물 트리볼레 광대가 있었지만 이름을 사용하지
      못했고, 딸 질다는 가상의 인물로 오페라 각색 때 넣었습니다. 베르
      디는 가냘프고 순수한 여성의 설정으로 귀족의 타락상을 더 실감
      나게 고발한 것입니다.

인태 그럼 오페라가 언제 초연되었나요?

주호 베르디가 초연한 해는 1851년입니다. 당시 사회적 상황을 말씀드
      리면 1851년 이탈리아는 오스트리아의 지배 아래에 있었기 때문에
      모든 권한은 오스트리아 정부 소관이었습니다. 우리나라 일제 강점
      기와 비슷한 상태인 거지요.

인태 이탈리아는 식민 통치하에 있었기 때문에 사회적으로 국민이 천시
      를 받던 상황이고, 국민은 독립을 갈망한 시기였겠네요.

주호 우리 대한민국도 일제강점기와 6·25전쟁을 통해 예술가곡의 강국
      이 되었듯이, 이탈리아도 아픈 지배의 흑역사를 통해 오페라 강국
      이 되었습니다.

인태 아픔은 위대한 예술을 탄생시키는 게 맞군요.

주호 〈리골렛또〉 오페라가 초연할 때 제목이 다른 제목이었다는 사실을
      아시나요?

인태 전혀 모르고 있었습니다. 빨리 가르쳐주세요.

주호 〈리골렛또〉가 아니고 '저주'였다고 합니다.

인태 '저주' 말입니까? 약간 공포 오페라 같은데요.

주호 처음에는 '저주'로 베르디 선생님이 작곡했지만, 오스트리아 정부에서 시행하는 오페라 검열에 통과하지 못했습니다.

인태 이유가 뭐지요?

주호 "귀족을 저주하면 안 된다"라고 하면서 검열에서 탈락시켰다고 합니다. 그래서 대본가가 천한 광대가 저주받는 것으로 바꾸어 검열에 통과했다고 합니다.

인태 귀족의 기득권이 느껴집니다. 참담했겠네요!

주호 베르디는 이런 상황에도 더욱 귀족의 만행을 오페라로 표현하려고 〈리골렛또〉를 끝까지 작곡했다고 합니다.

인태 자, 그럼 지금부터 오페라 설명 부탁드립니다. 출연진 성격과 소리 성부에 대해서 말씀해주세요. 테너 만토바 공작부터 시작해주세요.

주호 굉장히 호탕하고, 그 도시의 절대 권력자이고 리더십이 강하면서 여자를 엄청나게 좋아하는 공작입니다. 큰 영지를 다스리는 공작인 거지요. 지금으로 비교하면 우리나라 도지사 같은 위치입니다.

인태 공작이니 품위는 있겠네요!

주호 화려한 사람이겠지요. 성악적으로 만토바는 테너 파트로는 리릭꼬 레제로(Lirico leggiero, 가볍고 테크니컬한 소리)이고 고음이 안정적으로 구사할 수 있어야 합니다. 레가토(Regato, 음악의 연결)의 기술이 뛰어나야 만토바 역을 잘 소화할 수 있습니다.

인태 연기와 발성적으로 완벽해야 권력가이고 난봉꾼인 테너 만토바 역할을 잘 소화 할 수 있네요. 다음은 바리톤 리골렛또에 대해서 알고 싶습니다.

주호 바리톤 리골렛또는 광대이면서 유일하게 만토바 공작을 웃기는 사람입니다. 그리고 공작에게 여자를 상납하는 비천한 사람입니다. 또한 생명처럼 아끼는 딸을 가진 비운의 아버지이고, 베이스 몬테로네로부터 신의 저주를 받아 늘 두려워하면서 삶을 사는 역할입니다.

인태 여자를 상납하는 짓을 하니 아버지니 딸을 과잉보호하고 저주를 두려워하게 되는 거지요! 오페라 속의 음악적인 리골렛또는 어떤가요?

주호 한마디로 어렵습니다. 바리톤이라면은 누구나 꿈꾸는 역할인데 아무나 할 수 없는 역입니다. 이 역을 했다고 하면 바리톤으로서 연기나 발성이나 예술성을 다 갖춘 성악가입니다.

인태 정말 리골렛또를 잘하는 성악가를 찾기 힘든 것 같아요. 교수님은 분명히 잘 하셨을 것이라 확신합니다. 리골렛또의 딸 소프라노 질다는 어떤 성격의 소유자인가요?

주호 세상과 동떨어진 삶을 살면서 아버지 리골렛또의 지나친 보호 아래 살아가고 어머니의 존재를 전혀 모르는 18세 전후의 예쁘고 순수한 아가씨입니다.

우주호 출연(리골렛또 역)

인태 과잉보호로 세상 물정을 전혀 모르는 순수한 딸이군요. 소프라노 질다는 정말 음악적으로 힘들잖아요?

주호 질다도 정말 힘든 역입니다. 레제로(Leggiero) 소프라노인데 화려한 기술과 극고음을 구사할 줄 알아야 하고, 연기적인 요소로 가냘프 고 예뻐야 이 역할을 무대에서 잘 표현할 수 있습니다.

인태 말씀하신 것을 다 갖춘 질다를 찾는 것이 세계적으로도 아주 힘든 것 같아요.

주호 맞습니다!

인태 교수님 오페라에서 갑자기 살인 청부업자가 왜 나옵니까?

주호 베이스 스파라푸칠레입니다. 이 청부업자는 〈리골렛또〉의 저주란 단어에 상당히 중요한 역입니다. 음악적으로는 저음 중의 극저음인 파 음정을 객석을 채울 정도로 잘해야 합니다.

인태 저음으로 무대를 장악하기가 정말 힘들지요?

주호 베르디는 〈리골렛또〉를 작곡할 때 모든 역할에 있어서 완벽한 성악가들을 요구하는 최고의 오페라로 완성되었습니다. 그래서 오페라 〈리골렛또〉를 잘할 수 있다는 것은 성악가의 전성기를 알리는 증거입니다.

인태 살인 청부까지 오페라에 나오니 당황스럽고 재미있습니다.

주호 당시는 법이 없는 무법의 시대였고, 귀족의 말 한마디가 법일 때입니다. 평민들은 귀족에게 다스림을 받는 시대로 인권이 전혀 없는 시대입니다. 이런 혼돈된 시대이니 살인 청부가 존재했고, 돈만 주면 사람의 목숨도 해치는 암울한 시대였습니다.

인태 그리고 그의 여동생 메쪼소프라노 막달레나가 있지요?

주호 창녀로 오빠를 도와서 남자를 유혹하는 비천한 여인입니다. 첫눈에 질다처럼 만토바 공작을 사랑하는 여자입니다. 그리고 불행히도 막달레나는 만토바 공작을 죽음에서 구해내는 중요한 역할입니다.

인태 창녀 막달레나와 오빠 스파라푸칠레는 저주를 실행하는 역할을 하는군요.

주호 조연으로 리골렛또에게 저주를 퍼붓는 드라마틱한 소리를 소유한 베이스 바리톤의 몬테로네 그리고 아내를 만토바 공작에게 빼앗긴 체프라노 백작, 만토바 공작의 부하로 리골렛또와 같이 여자를 상납하는 귀족인 보르사와 마룰로도 등장합니다. 마지막으로 질다의 하녀인 친절한 죠반나가 있습니다.

인태 주연 5명과 조연 6명이 대거 출연하네요. 이 정도의 출연자 정보이면 〈리골렛또〉를 정복하기에는 충분합니다. 이제 오페라 이야기 들어가보시지요!

주호 1막은 테너인 만토바 공작 큰 저택입니다. 수많은 귀족이 술과 여자로 파티를 즐기고 있습니다.

인태 한마디로 타락의 현장이네요. 왜 오페라가 세속음악의 대표인지 알겠습니다.

주호 만토바 공작은 부하인 보르사에게 "내가 성당에서 본 그 아가씨를 잊을 수가 없다"라고 고백하면서 여성 관객이 들으면 싫어하는 '이 여자도 저 여자도'(Questa quella) 아리아를 부릅니다.

인태 왜 여성분들이 싫어할까요?

주호 좀 말씀드리긴 부끄럽지만 경쾌하고 재미있는 음악 진행이 돋보이는 노래여도 노래 내용은 "여자들은 다 똑같기 때문에 나는 어떤 여자라도 좋다"라는 것입니다.

인태 아! 금지어 문장인데. 테너 첫 아리아이니 깊은 이해를 바랍니다.

주호 왜 이런 오페라 가사로 베르디가 작곡한 이유는 타락된 귀족들의 실상을 고발하는 의도이니 많은 이해 바랍니다.

인태 오페라로서의 고발이네요! 계속 〈리골렛또〉 이야기 부탁드립니다.

주호 테너 만토바는 저런 노골적인 여성 비하 노래를 자랑스럽게 부르고, 파티 중인 자기 부하 체프라노의 부인을 유혹하는 장면으로 이어집니다.

인태 귀족들의 성적 문란의 현장이네요.

주호 더한 장면은 지금부터 시작됩니다. 주인공 바리톤 리골렛또는 파티에 참석한 모든 사람 앞에서 유혹당한 아내를 찾으러 온 체프라노 백작을 엄청나게 비웃고 놀립니다.

인태 그들은 전혀 죄의식이라고는 없네요. 어떤 일도 불사하는군요.

주호 리골렛또와 테너 보르사 그리고 바리톤 마룰로 삼인방은 만토바 공작을 믿고 남편이 있는 귀족 부인들을 납치하고 유혹하는 만행을 저지르고 있습니다. 이때 오페라의 비극을 예견하는 저주의 테마인 베이스 몬테로네가 나타나서 이 문란한 만토바 공작의 파티장을 파장시키고 리골렛또와 만토바 공작에게 저주를 퍼붓고 감옥으로 갑니다. 저주를 받은 후에 집으로 가면서 리골렛또가 부르는 이중창과 아리아는 너무 중요합니다. '몬테로네가 한 그 저주가'(Quel vecchio maledivami)라고 하며 혼자 걷다가 우연히 살인 청부업자 베이스 스파라푸칠레를 만나서 하는 이중창입니다. '죽일 사람이 필요하면 작은 돈에 해결해준다'라는 이야기를 듣고 리골렛또는 바로 '우리는 같다'(Pari siamo) 독백의 아리아를 부르면서 고민하는 장면입니다.

인태 그 유명한 두 곡의 해석을 안 들어볼 수가 없네요. 아시지요. 간단하게 한마디로 부탁드립니다.

주호 '나는 혀로 사람을 살인하고 살인청부업자 너는 칼로 사람을 죽이니 우리는 똑같이 나쁜 놈들이다'라고 정리하겠습니다. 그리고 성악적인 관점에서의 감상은 베이스 스파라푸칠레의 극저음 '파'가 잘나느냐, 못나느냐에 따라 이중창의 승패가 결정됩니다.

인태 여러분. 정말 명쾌하지요. 교수님께 오늘도 큰 박수 올립니다.

주호 더욱 열심히 현장을 전달하겠습니다. 두 곡의 저주 테마 아리아가 끝나고 집에 온 리골렛또는 딸인 질다와 또 다른 이중창을 합니다.

인태 이중창의 연속이네요. 두 번째 이중창 부탁드립니다.

주호 조금 긴 이중창이지만 리골렛또의 저주에 대한 두려움으로 딸에 대한 과잉보호와 어긋난 부성애가 담겨 있는 노래입니다. 음악적인 레가토와 극적인 표현이 잘 표현해야 하는 정말 어려운 앙상블입니다.

인태 리골렛또의 직업병 아닌가요?

주호 맞습니다. 리골렛또는 만토바의 지시로 마을에 있는 모든 여자를 훔쳐서 공작에게 바치고 인신매매 행위를 자행하니, 자기에게 딸이 있다는 사실을 절대로 공작의 부하들이 알면 안 되기 때문에 딸을 단속하게 되는 겁니다.

인태 인과 응보인 거지요.

주호 순수한 딸 질다는 영문도 모르는 채 아버지를 원망합니다.

인태 질다도 사람인데 집에만 있을 수 없잖아요.

주호 리골렛또가 유일하게 허락한 외출은 성당에 가는 겁니다. 운명적으로 질다는 성당에서 가난한 젊은 청년을 사랑하게 됩니다.

인태 설마 만토바 공작은 아니지요?

주호 아, 지금 말씀드리면 안 되지만, 맞습니다. 만토바 공작은 평범한 아가씨들을 유혹 하기 위해 가난한 학생으로 변장해서 마을에 있는 성당까지 가게 된 것입니다.

인태 대단히 치밀한 호색한이네요!

주호 이 시점에서 가난한 젊은 청년으로 변장한 만토바 공작과 어린 질다의 새로운 이중창이 나옵니다.

인태 세 번째 이중창입니다.

주호 변장한 테너 만토바는 리골렛또를 피해 질다의 집을 몰래 침투해 '내 영혼은 당신만 사랑하고'(E il sol dell'anima)를 부르면서 세상 부귀영화 다 필요 없고 그대만 사랑할 거라고 거짓 고백을 노래합니다. 질다는 변장한 공작의 멋진 사랑 고백을 받아들이는 이중창인 거지요. 베르디는 이중창에서 정말 벨깐토의 모든 발성기술을 작곡하여 질다와 만토바의 극고음과 경쾌한 음악적 진행으로 박수를 끌어냅니다.

인태 내용적으로는 결국 질다가 학생 만토바 그놈에게 사랑에 빠지게 되었군요. 교수님, 너무 안타까워요.

주호 질다는 학생 만토바가 남긴 이름을 되새기면서 1막에서 가장 유명한 소프라노 아리아 '그리운 그 이름'(Gualtier Maldè! … Caro nome)를 합니다.

인태 그 아름다운 노래가 거짓 사랑에 빠져 부르는 아리아였군요.

주호 소프라노 질다의 아리아는 돌고래 발성에서 볼 수 있는 극고음과 성악의 화려한 기술이 겸비한 성악가만이 부르는 최고의 노래입니다.

인태 저도 이 노래를 들을 때마다 마지막의 극고음 E플랫을 얼마나 잘하는지를 기대하면서 들었던 것 같습니다.

주호 맞습니다. 최강의 레제로 소프라노 아리아가 분명합니다.

인태 이 노래를 잘하시는 소프라노 선생님이 있다면은 기립박수가 저절로 나옵니다.

주호 질다의 아리아가 끝나면 베르디는 가장 예민한 리골렛또의 저주가 과감하게 펼쳐집니다.

인태 몬테로네의 저주가 실행되나요?

주호 네, 만토바 공작의 부하 보르사와 마룰로가 리골렛또 딸을 애인이라고 생각하고 훔치러 리골렛또의 집으로 옵니다. 리골렛또에게는 체프라노의 부인을 납치하러 왔다고 거짓말을 하는데 여기에서 우리가 너무 잘 아는 세계적인 남성합창 '조용히 있으시오. 원수를 갚으러 갑시다'(Zitti, zitti moviamo a vendetta)가 나옵니다. 이 남성합창은 오페라의 남성합창 중 1등인 것 같습니다. 물론 바그너 작곡의 〈탄호이저〉 오페라의 곡 '순례자의 합창'도 있긴 합니다. 공동 1위라고 하겠습니다.

인태 두 남성합창곡은 평생에 기억될 만한 합창곡인 것 같습니다.

주호 〈리골렛또〉의 여자를 보쌈하는 남성합창은 피아노에서 포르테까지 다이나믹한 테크닉의 극치를 느낄 수 있고, 오페라 〈탄호이저〉의 '순례자의 합창'은 감수성과 종교적인 감동이 있습니다.

인태 경쾌한 곡이라고만 알았는데, 이 남성합창이 여인을 훔치는 보쌈의 합창이었네요. 오늘 너무 많은 진실이 밝혀지네요. 역시 오페라는 교수님과 이야기해야 합니다.

주호 만토바 공작 부하들은 체프라노 부인을 훔치러 왔다는 거짓말을 하고 리골렛또의 눈을 가려 딸을 훔쳐 달아납니다. 마지막 질다의 '아빠 구해주세요'(Soccorso padre mio)소리를 듣고 사랑하는 딸이 납치당했음을 알고 몬테로네의 저주를 생각하면서 딸을 찾으러 밖으로 나갑니다. 그리고 '아 저주여'(Ah la maledizione)라고 외치면서 1막은 끝이 납니다.

거짓 사랑에 빠져 죽고,
저주로 인해 죽다

인태 바리톤 우주호 교수님과 막장 드라마 오페라 〈리골렛또〉를 설명하시기 위해 나오셨습니다. 어서 오세요.

주호 여러분들을 뵙기 위해서 지금 단숨에 달려왔습니다.

인태 지난 시간에 〈리골렛또〉의 원작에 대한 이야기와 1막 줄거리를 만나봤는데요. 이제 본격적으로 오늘 2막을 들어가보겠습니다

주호 2막 들어가기 전에 작곡가 베르디에 관해 몇 가지 재미있는 이야기를 전해드릴게요. 작곡가 베르디는 성악의 바리톤이라는 직업을 만드신 분입니다.

인태 정말인가요? 바리톤을 어떻게 탄생시켰나요?

주호 베르디는 오페라에서 갈등 구조를 더 강력하게 표현하기 위해 새로운 역할의 소리를 원하기 시작했습니다. 고전 시대까지는 고음의 테너와 저음의 베이스가 단순하게 있었다면 베르디가 표현하고자 하는 영역으로 새로운 소리인 바리톤 영역을 만드신 것입니다.

인태   교수님 조금 어렵습니다. 좀 쉽게 설명 부탁드립니다.

주호   예를 들면은 베르디 선생님이 오페라 작곡을 할 때 이야고, 귀족,
       아버지 역할이 갈등적 요소를 강력하게 요구하는 드라마틱한 소리
       이니 바리톤이 생긴 겁니다.

인태   그전에는 없었나요?

주호   베르디 선생님 전 작곡가 시대에는 베이스 바리톤 음역이 많이 있
       었습니다. 테너의 장점인 고음의 화려함과 강하고 파워 있는 베이
       스의 장점을 차용해 강력한 색채를 표현하는 드라마틱한 성악 소
       리를 만드신 겁니다.

인태   예전에는 저음의 소리 즉, 베이스와 베이스 바리톤 개념이었는데
       베르디 선생님께서 파워 바리톤을 만드신 거네요.

주호   베르디도 노래를 잘했는데, 자신이 테너도 아니고 베이스도 아니었
       다고 합니다. 그래서 베르디는 극 대본상 조금 강한 역이 있었으면
       해서 자기 음역대를 적용해 작곡한 것입니다.

인태   그래서 베르디의 오페라에서 저음 파트의 바리톤 부분이 화려하고
       강해서 우리에게 감동을 주었군요.

주호   사실 베르디의 바리톤은 부르기 힘들어서 잘 부를 때에는 베르디아
       노(Verdiano)라는 명칭을 붙여줍니다.

인태   베르디아노가 무엇인가요?

주호   간단히 말씀드리면 베르디아노는 '베르디 작품을 잘 부르는 사람'
       이란 뜻입니다.

인태 그럼 푸치니를 잘 부르면 푸치니아노인가요?

주호 네. 맞습니다. 모차르트를 잘 부르면?

인태 모차르티아노이네요.

주호 정확합니다. 오페라 본고장인 유럽에서는 성악의 소리 분류가 정확히 나누어집니다.

인태 그래서 유럽에서는 자기가 하는 역할만 전문적으로 하는 오페라 가수가 많군요.

주호 바로 그것입니다.

인태 교수님은 베르디아노이시네요.

주호 부족하지만 그렇게 듣고 있습니다. 그래서 베르디 선생님을 존경하여 지금도 이탈리아 가면 베르디 동상에 가서 묵념합니다.

인태 또 다른 특이사항이 있을까요?

주호 오페라 〈리골렛또〉는 남성합창이 많이 있습니다. 1막과 2막에서 여러 차례 나오는 특징이 있습니다.

인태 왜지요?

주호 테너 만토바 공작과 그의 부하들이 나쁜 계략을 표현하다 보니 남성합창이 많이 나온 것입니다.

인태 그렇군요.

주호 〈리골렛또〉에서 베르디는 바리톤을 사랑했지만 모두 테너의 아리아로 1, 2, 3막을 시작하는 것이 참 특이합니다.

인태　처음 듣는 이야기인데 무슨 이유라도 있나요?

주호　답은 3곡의 아리아에 있습니다. 1막의 아리아(Qusta quella)는 여자를 멸시하는 노래이고, 2막의 아리아(Ella mi fu la vita)는 질다를 원하는 노래입니다. 3막의 아리아(La donna mobile)는 질다 앞에서 다른 여인을 유혹하는 장면입니다. 이렇게 만토바 공작이 극의 중심에서 귀족들의 타락상의 문제점을 부각시킵니다.

인태　우연인지 아니면 베르디 오페라의 특징인지는 몰라도 〈리골렛또〉의 형식이 아주 재미있습니다.

주호　이제 오페라 〈리골렛또〉 2막 들어가보겠습니다. 말씀대로 테너 만토바 공작이 '그녀를 나에게서 훔쳐갔네'(Ella mi fu rapita)를 부르면서 등장을 합니다.

인태　그 내용이 뭐지요?

주호　성당에서 만난 그 아름다운 여인 질다를 누가 훔쳐 갔음을 알고 화가 나서 부르는 노래입니다.

인태　거짓 사랑인데 뻔뻔하군요! 그리고 자기 부하들이 훔쳐 갔잖아요?

주호　공작만이 리골렛또 집에 있는 애인이 그의 딸이란 것을 알고 있었고, 자기 부하들이 리골렛또의 딸을 애인인 줄 알고 훔치는 줄 몰랐습니다.

인태　참 한심하군요. 베르디가 귀족들의 한심함을 표현한 장면이네요.

주호　공작은 자기 노리갯감인 순수한 질다가 자기 집에 있다는 사실에

정말 감사해서 질다를 만나러 자기 방으로 갑니다

인태　납치한 여자가 호감을 가진 여자여서 그 여자와 사랑하기 위해 방에 들어간다는 사실이 정말 이해가 안 되네요.

주호　만토바 공작의 새로운 즐거움일 뿐인 겁니다.

인태　정말 경악하고 싶습니다. 정말 막장이네요. 왜 거장 베르디가 이 오페라를 작곡했는지 알겠습니다.

주호　여기서 베르디는 천인공노할 만한 귀족들을 향해 '이 저주 받을 귀족들아'(Cortigiani vil razza dannata)의 고난도의 바리톤 아리아를 부릅니다.

인태　다이나믹한 리골렛또의 아리아 내용도 부탁드립니다.

주호　바리톤 리골렛또이고, 첫 도입부의 반주부터 다릅니다. 귀족들의 만행을 정죄하듯이 박진감이 극도로 표현된 드라마틱한 도입부가 볼 만합니다.

인태　말씀만 들어도 속이 시원합니다.

주호　정말 대단한 도입부와 강한 소리로 아리아를 시작하지만, 딸의 안전을 위해서 공작의 부하인 마룰로에게 간절히 애원하면서 내 딸을 돌려 달라고 부탁하는 노래입니다.

인태　여러 감정이 내포된 노래이니 정말 부르기 힘든 오페라 아리아이겠네요.

주호　앞에서 말씀드린 감정이 복잡할수록 작곡이 어려워져서 노래하기 힘들다는 말씀 기억하고 계시네요. 이 노래 잘 부르기가 정말 힘듭니다. 저도 이 노래를 부를 때에는 한 일주일 묵언수행과 초집중을 한 후에 부르는 오페라 아리아입니다.

인태 이 아리아를 부른 후에 훔쳐 간 공작부하들이 애인이 아니고 딸임을 알게 되는군요. 그런데 공작은 조금 미리 알고 있었지요?

주호 네, 공작 만토바는 질다를 가진 후에 리골렛또에게 돌려줍니다.

인태 다행입니다. 그래도 양심은 있네요.

주호 하지만 리골렛또는 하나밖에 없는 딸을 괴롭힌 만토바 공작을 용서할 수가 없어 복수를 다짐하고 만토바를 죽일 생각을 합니다.

인태 교수님, 여기 두 부녀의 갈등과 복수의 이중창 설명해주세요. 개인적으로 좋아하는 최고의 이중창입니다.

주호 먼저 이 노래의 난이도를 설명해야 할 듯합니다. 바리톤이 제일 어려워하는 최악의 이중창입니다. 이 멜로디를 절제력 없이 부르다가 목이 힘들어서 그다음 노래를 모두 망치는 경우가 허다합니다. 내용으로 가면 베르디는 두 개의 이중창으로 극의 진행을 극대화합니다. 첫 이중창 '매일 성당에 가서'(Tutte le feste al tempio)는 첫사랑의 만남과 사랑에 빠진 질다를 이야기하는 것에 대한 아버지 리골렛또의 위로이고 또 다른 이중창은 '복수를 갚으리라'(Si vendetta)로 리골렛또 복수의 이중창입니다.

인태 리골렛또가 복수를 다짐하면서 2막이 끝이 나는군요. 3막에는 복수를 하는지 궁금합니다!

주호 3막을 시작하자마자 여러분이 가장 좋아하는 노래가 나옵니다. 리골렛또 오페라의 레전드 아리아이고 콘서트에서 오페라 아리아로 가장 많이 연주되는 노래, '여자의 마음'(La donna mobile)이 나옵니다.

인태 드디어 이 노래가 나오는군요. 저도 정말 많이 부르는 노래입니다. 빨리 3막을 진행해주시지요. 장소는 어디에서 시작되나요?

주호 민치오 강변인 베이스 살인 청부업자 스파라푸칠레의 여인숙입니다.

인태 1막에서 리골렛또가 우연히 만난 살인 청부업자 스파라푸칠레가 맞지요?

주호 네. 그렇습니다. 리골렛또는 만토바 공작을 죽이기 위해 돈으로 살인청부업자 스파라푸칠레를 매수합니다. 그리고 만토바가 나쁜 난봉꾼임을 증명하기 위해서 딸 질다를 끌고 스파라푸칠레의 여인숙으로 갑니다.

인태 무슨 일이 있어나지요?

주호 이때 질다는 만토바 공작이 이번엔 학생이 아닌 군인으로 변장하여 스파라푸칠레의 여동생 메쪼소프라노 창녀 막달레나에게 자기에게 한 짓과 똑같은 거짓 사랑 고백을 '여자의 사랑은 움직인다'(La donna mobile) 노래함으로써 첫사랑의 만토바 공작이 천하의 난봉꾼임을 알게 됩니다.

인태 '여자의 마음' 노래가 이렇게 수준이 낮은 줄 몰랐습니다.

주호 내용은 거짓 사랑의 고백이지만 베르디의 명곡 중의 명곡입니다. 베르디가 이 곡을 작곡하고 초연 전날까지 숨겼다고 합니다.

인태 오페라 아리아는 훌륭하지만 질다는 엄청난 상처를 받겠네요.

주호 질다가 받은 상처는 지금부터 시작되고, 베르디가 4중창으로 잘 표현하고 있습니다. 그런데 이 사중창에 재미있는 이야기가 있습니다.

인태 궁금합니다. 빨리 설명해주세요.

주호 빅토르 위고는 자기 소설이 오페라로 각본되는 것을 싫어한다고 말씀드린 것 기억하시지요? 그는 이 갈등이 담긴 환상의 사중창을 보고 감탄했다고 합니다.

인태 많은 노래가 있는데 왜 사중창에 감탄을 했나요?

주호 연극에서 볼 수 없는 4명이 동시에 자기표현을 하는 음악적 기법이 너무나 부러웠고 신기했던 것입니다. 설명해드리면 두 사람 만토바 공작과 막달레나는 유혹하는 선율을 서로 이야기하고 동시에 리골렛또와 질다는 난봉꾼의 현장을 고발하는 선율이 대립하면서 완전한 벨깐토 앙상블을 이루고 있는 음악적 형태를 말하는 것입니다.

인태 정말 진실과 거짓의 선율이 각자의 멜로디 안에서 움직인다고 생각하니 너무 듣고 싶네요.

주호 정말 베르디의 위대함을 느낄 수 있는 사중창 '어느 날 아름다운 당신을 만난 기억이 생생합니다'(Un di, se ben rammentomi o bella l'incontrai)인데 이 사중창도 음악회 때 단골로 연주되는 최고의 레퍼토리입니다.

인태 교수님, 이 사중창은 테너가 정말 힘들어하는 멜로디 아닙니까?

주호 이유가 있습니다. 바로 발성적 측면입니다. 테너가 가장 어려워하는 음역이 중고음 '파, 솔. 라'인데 이 음역이 사중창에 계속 나와서 테너의 무덤 음역이라고 소문이 나 있습니다.

인태 자세한 설명 감사합니다.

인태 사중창이 끝나면 질다는 어떻게 되나요?

주호 리골렛또는 딸 질다에게 나도 따라갈 테니 남자 변장을 하고 빨리 베로나로 떠나라고 당부를 합니다.

인태 베로나는 이탈리아 도시가 아닌가요?

주호 맞습니다. 베로나는 난봉꾼 만토바 공작의 그늘에서 벗어날 수 있는 도시라서 선택을 한 것입니다.

인태 질다가 너무 불쌍합니다.

주호 질다를 보내고 바로 리골렛또는 스파라푸칠레에게 만토바 공작을 죽이는 대가로 돈을 지불합니다. 만토바는 자기를 죽이는 계략이 펼쳐지는 줄도 모르고 섹시한 막달레나에게 하룻밤을 위해 사랑고백을 하고 있습니다.

인태 곧 만토바는 죽음을 맞이하겠네요.

주호 아닙니다. 여기서 스파라푸칠레의 여동생 막달레나의 반전이 나옵니다.

인태 만토바가 죽기 직전인데, 또 무슨 일이 생기나요?

주호 막달레나도 만토바 공작에게 반해서 연민이 생긴 겁니다.

인태 그건 아니지요. 아, 정말 만토바 공작 난봉꾼인데요!

주호 메쪼소프라노 막달레나는 자기 오빠에게 리골렛또를 죽이고 만토바 공작을 살리자고 제안합니다.

인태 동생 말을 듣나요?

주호 스파라푸칠레는 의뢰인 리골렛또를 죽일 수 없다고 하고 그 대신 다른 제안을 합니다.

인태 무슨 제안을 할까요?

주호 리골렛또 대신 12시 전에 우리 집을 찾는 첫 손님을 죽이자고 합니다.

인태 정말 만토바 공작이 사는 것이 너무 싫고, 왜 그들은 그런 짓을 하나요!

주호 또 반전이 있어요! 리골렛또가 베로나로 가라는 말을 듣지 않고 불쌍한 질다는 두 남매가 계략하고 있는 현장에서 모든 사실을 듣게 됩니다.

인태 왜? 베로나로 가야지요! 또 왜 그들의 계략을 듣는 건가요!

주호 이 상황을 베르디는 '저 젊은 청년은 너무나 사랑스럽다'(E amabile

invero cotal giovinotto)로 시작하는 환상의 삼중창으로 작곡합니다.

인태 와, 사중창 이후 바로 삼중창이니 숨을 쉴 수가 없네요. 여기서도
베르디의 특이사항이 나옵니까?

주호 삼중창과 연결되어 살인이 벌어지는 그 당시엔 비바람이 치는 스파
라푸칠레의 여인숙의 상황을 표현하는데 베르디의 천재성이 또 발
휘됩니다.

인태 무엇인지 너무 궁금합니다.

주호 비바람 천둥소리를 남성 사중창으로 더 긴장감이 있게 음악적으로
표현됩니다. 즉, 인간의 소리를 악기의 소리처럼 오케스트라와 앙
상블을 하는 최초의 베르디 기법입니다. 베르디는 무대에서의 거침
없는 시도로 대폭발적인 반응을 얻습니다.

인태 너무 재미있는 음악적 구성입니다. 그런데, 리골렛또와 질다의 운명
은 어떻게 되나요?

주호 질다는 스파라푸칠레가 아버지를 죽일 수 있다는 사실과 한순간이
라도 사랑했던 만토바 공작을 위해 두 남매가 있는 여인숙의 첫 손
님이 되기로 합니다.

인태 결국 질다는 모두를 위해 희생을 선택하는군요.

주호 아무것도 모르는 〈리골렛또〉는 두 남매가 죽인 질다의 시신을 받
고 잔금을 넘깁니다.

인태 상상하기 정말 싫습니다.

주호 리골렛또는 광포에 쌓인 죽은 시신을 바라보면서 비참한 과거

를 후회하는 '드디어 복수의 순간이 다가왔구나'(Della vendetta al fin giunge l'istante)를 통쾌한 마음으로 노래합니다. 마지막으로 시신을 바다에 던지면서 '바다가 무덤이 되어 영원히 물속에서 잠들어라'(All'onda! all'onda)라고 외치는 순간 갑자기 만토바 공작의 흥겨운 노래 소리가 들립니다.

인태 만토바 공작이 아직 살아있는 거네요!

주호 놀란 리골렛또는 시신을 바라보면서 불안한 마음으로 누군지를 확인합니다.

인태 광포 안에 있는 시신이 딸 질다임을 확인하나요?

주호 네! 바로 광포 안에 있는 시신이 딸임을 확인한 후에 베르디의 또 다른 마지막 눈물의 이중창을 작곡하는데 리골렛또의 절규를 들을 수가 있습니다.

인태 정말 눈물 없이 못 듣는 이중창이겠네요.

주호 하지만 질다는 아버지의 절규를 위로하면서 마지막 '저 하늘에 있는'(Lassù… in cielo)를 부르는데 "저를 용서하세요! 하늘에 있는 어머님과 함께 아버지를 위해 기도할게요"라고 마지막 한마디를 남기고 순수한 질다는 영원한 안식처로 갑니다. 리골렛또는 죽어가는 딸 질다의 시신을 부둥켜안고 몬테로네의 저주를 생각합니다. 눈물의 외침으로 딸을 부르며 오페라는 대단원의 막이 내립니다.

Opera 07 | 카르멘(Carmen)

〈카르멘〉 한눈에 보기

1. 〈카르멘〉은 3대 그랜드슬램을 달성한 오페라입니다(본문 내용을 확인하세요).
2. 주로 소프라노가 오페라 주인공을 하지만 오페라 〈카르멘〉은 메쪼소프라노입니다.
3. 이 오페라 안에 음악회 때 소프라노와 테너보다 박수를 능가할 곡이 있습니다. 바로 메쪼소프라노 카르멘의 '하바네라'와 바리톤 에스카밀로의 '투우사의 노래'입니다.
4. 연극적 요소를 도입해서 대사가 있는 오페라입니다(대사를 커트하는 경우도 자주 있습니다).
5. 작곡가 죠르죠 비제는 프랑스 작곡가이지만 이탈리아 사실주의 스타일로 쉽고 드라마틱하게 작곡했습니다.

작가 : 이윤이, 제목 : 카르멘

친숙한 아리아와 짜릿한 매력으로
인기 최고인 오페라

인태 오늘도 우주호 교수님과 오페라의 문을 활짝 열겠습니다.

주호 오페라인 바리톤 우주호입니다.

인태 우리 유쾌한 교수님 어서 오세요.

주호 반갑습니다. 보고 싶었습니다!

인태 오늘은 또 어떤 오페라를 들고 오셨습니까?

주호 오늘 만날 오페라는 여러분이 가장 사랑하는 오페라가 아닌가 싶습니다. 저도 여러 번 무대에서 여러분께 인사드린 적이 있습니다.

인태 기대됩니다.

주호 죠르죠 비제(Georges Bizet)의 〈카르멘〉(Carmen)입니다.

인태 정말 제가 좋아하는 오페라입니다.

주호 3대 그랜드슬램을 달성한 오페라인데요, 한국인이 선택한 오페라 1위, 바이올린 환상곡 1위, 오페라 서곡 1위입니다. 최고의 인기 오페라라고 할 수 있는 〈카르멘〉으로 시작하겠습니다.

인태 그동안 저희가 굵직한 작품을 참 많이 다루었
     잖아요.

주호 맞습니다. 앞서 소개한 적이 있는 〈라 트라비
     아타〉와 〈카르멘〉은 전 세계 오페라 극장에서
     가장 많이 울려 퍼지는 레퍼토리 중 하나입니
     다. 여러분 기대하셔도 좋을 듯합니다.

인태 저희가 항상 오페라를 여러분께 말씀드릴 때
     하는 말, '원작이 있나요?'로 시작하겠습니다.

주호 네. 당연히 있습니다. 프랑스 작가 프로스페
     르 메리메(Prosper Mérimée)의 중편 소설이 원작
     입니다. 오페라가 너무 화려하고 너무 드라마
     틱해서 원작의 인지도보다 높은 경우입니다.
     한마디로 원작보다 더 성공한 오페라입니다.

인태 그만큼 오페라가 열정적이고 화려하고 더 재
     미있겠네요!

주호 〈카르멘〉의 서곡 먼저 들어보시면 이 멋진 가
     을날 여러분의 행복을 느낄 수 있는 그런 시
     간이 될 것 같아서 준비했습니다.

솔오페라단 예술의 전당 오페라 〈카르멘〉 우주호 출연(에스카밀로 역)

출처 : 저자 제공

인태 이게 스포츠 팬들 사이에서도 굉장히 익숙한 멜로디입니다.

주호 당연하지요.

인태 독일 축구팀 카를스루에의 골 세레머니 음악으로 쓰이기도 하고요. 우리 자랑스러운 김연아 선수가 주니어 선수권 때에 출전 음악으로 사용하기도 했습니다.

인태 〈카르멘〉에 등장하는 역할 소개 좀 부탁드립니다.

주호 오페라의 팜므파탈의 여자 주인공에 집시 메쪼소프라노 카르멘이 있고요, 남자주인공은 드라마틱 테너 돈 호세입니다. 돈 호세는 열정적이고 순수한 청년 군인입니다.

인태 교수님이 열연한 역할은 뭐지요?

주호 투우사의 직업을 가진 바리톤 에스카밀로입니다.

인태 투우사는 스페인 남자의 상징이고 많은 사람으로부터 사랑받는 직업이지요? 요즘 연예인만큼 인기 있는 스타 중의 스타 아닌가요?

주호 정확합니다. 국민적 영웅이지요! 국민들로부터 사랑받는 직업입니다. 그리고 다음 역 소개로는 주인공인 테너 돈 호세의 약혼자 소프라노 미카엘라가 있습니다.

인태 더 없나요?

주호 너무 중요한 단역들이 있습니다. 4명의 주연은 소개했고 조연은 7명을 지금 소개하겠습니다. 카르멘을 좋아하는 군인 장교 베이스 주니가와 그의 부하들인 테너 안드레스와 바리톤 모랄레스가 있습니다. 그리고 테너 돈 호세를 밀렵꾼으로 유혹하는 바리톤 단카이로와 테너 라멘다또가 있고요, 마지막으로 여성 중요 조연은 소프라노 집시들인 프라스키타와 메르체데스가 있습니다.

인태 출연진이 많습니다.

주호 주조연 모두 11명입니다.

인태 이제 오페라 이야기로 들어가시지요.

주호 먼저 〈카르멘〉은 첫 서곡이 환상적입니다.

인태 첫 서곡을 들으면 너무 흥분되고 오페라를 다 본 듯해요!

주호 맞습니다. 그 짧은 2분 서곡으로 오페라 〈카르멘〉의 모든 것을 느낄 수 있는 최고의 작품입니다. 유명한 〈카르멘〉의 서곡이 마치면 바로 '세비야의 광장'(Une place a Seville)에 있는 담배공장 마당이 나옵니다. 그리고 미카엘라는 군인 모랄레스에게 약혼자 돈 호세를 찾는 장면으로 나오고, 그 시대 서민들의 일상을 보여주는 무대가 펼쳐집니다. 여기서 선정적인 여성합창이 관능적인 연기를 하며 '허공 속에서 우리는 눈들을 쫓는다'(Dans l'air, nous suivons des yeux)라고 하는데 오페라의 관전 포인트입니다.

인태 담배공장 아가씨들 등장이겠네요?

주호 저녁식사후 담배공장에서 일하는 안달루시아의 아가씨들이 나올 때는 마을 사람들이 그녀들의 섹시함을 보기 위해 한곳으로 모이게 됩니다. 혼잡한 무대에서 담배 아가씨들의 등장은 정말 중요한

연출적 기법이 요구됩니다. 왜냐하면, 아가씨 중에 카르멘의 첫 등
장이 있기 때문입니다!

인태 드디어 카르멘의 첫 등장이네요.

주호 당연히 카르멘은 선정적인 등장으로 무대를 장악합니다. 여기서 메
쪼소프라노의 명곡 '하바네라'(Habanera)로 수많은 남성의 관심을 한
몸에 받습니다.

인태 〈카르멘〉 '하바네라'의 뜻을 모르면 안 되지요. 설명 부탁드립니다.

주호 교태를 부리면서 무대 장악하고 중앙에서 테너 돈 호세와 눈 맞
춤을 하고 난 후에 '사랑은 반항적인 새이다'(L'amour est un oiseau
rebelle)를 부르면서 남자들의 시선을 끌고 유혹하는 노래입니다. 더
자극적인 가사 한 줄을 소개하면 '당신이 날 좋아하지 않으면, 내가
좋아해주지. 내가 좋아하게 되면, 조심하세요!'(Si tu ne m'aimes pas, je
t'aime; si je t'aime, prends garde a toi!) 이 가사가 모든 것을 이야기해줍
니다.

인태 매혹적인 카르멘의 모습이 보이는 아리아네요.

주호 메쪼소프라노 카르멘은 노래, 연기로 무대를 장악해야 하는 부담
되는 첫 무대입니다!

인태 테너 돈 호세는 언제 나옵니까?

주호 돈 호세는 수많은 군인 속에 있습니다. 그런데 군중 속에 있는 돈

호세에게 카르멘이 관심을 보입니다. 약혼자가 있는 돈 호세에게 아카시아 꽃 한 송이를 주면서 관심을 표시하는 연출이 나옵니다.

인태 이 당시에 여자가 남자에게 관심을 표현하니 정말 팜므파탈의 집시 여인이네요.

주호 군인인 돈 호세는 카르멘의 아카시아 꽃 한 송이를 들고 미묘한 감정을 느꼈을 때 돈 호세의 어머니 편지를 들고 찾아온 약혼자 미카엘라를 만나서 미래를 약속하는 사랑의 이중창을 합니다.

인태 아주 아름다운 선율의 이중창이겠지요?

주호 이 노래는 정말 가수의 능력이 절대적으로 필요합니다. 극고음이 없지만 정말 표현하기 힘든 노래입니다. 이중창 마지막 부분에서도 부드럽게 끝납니다. 노래를 못 할 때는 박수를 못 받는 경우가 많아서 조심해야 하는 곡입니다.

인태 프랑스 영화도 끝마무리가 이상한 게 많은데 혹시 비슷한 거 아닙니까?

주호 다른 프랑스 작곡가는 영화와 비슷하지만, 비제는 그렇지는 않습니다. 그리고 작곡가 비제의 〈카르멘〉은 사실주의 오페라이므로 이탈리아 냄새가 물씬 납니다. 이중창 '어머니, 그녀가 눈에 선하구나…!'(Votre mere avec moi sortait de la chapelle Ma mere, je la vois!)를 간단히 말씀드리면, 성악가들이 정확한 뜻을 알고 정확한 발성으로 노래해야 비제의 아름다운 선율을 제대로 표현해 박수를 끌어낼 수 있습니다.

인태 성악이 참 어려운 직업입니다.

주호 그래도 아주 행복한 직업입니다. 늘 박수 속에 있는 직업이잖아요. 저는 그래서 늘 감사하고 있습니다. 이중창이 끝나고 바로 담배공장 아가씨들끼리 싸움이 일어나는데, 카르멘은 상대편 아가씨의 뺨을 때려 폭력죄로 체포가 됩니다. 주니가 중위가 취조 후에 돈 호세에게 카르멘을 맡깁니다. 여기서 카르멘이 '트랄라라라 나를 베세요, 나를 불태우세요. 당신에겐 아무 말도 하지 않겠어요'(Tra lalalalalala, coupe-moi,brule-moi je ne te dirai rien)를 부르면서 돈 호세를 유혹해 도망갈 기회를 찾는 노래 부릅니다.

인태 와~! 〈카르멘〉의 자유분방함을 느낄 수 있는 노래이네요.

주호 의성어 '트랄라라라'를 하면서 손에 묶은 줄로 테너 돈 호세를 유혹하는 장면은 굉장히 선정적이고 노골적입니다. '맞아! 당신은 날 사랑해'(Eh! oui, tu m'aimes) 이렇게 카르멘은 테너 돈 호세를 넘겨짚으면서 또 하나의 유명한 아리아 '세기디야'(Seguedille)를 부르면서 가스라이팅을 하게 됩니다.

인태 세기디야 아리아가 가스라이팅 노래라고 하니 이해가 확 됩니다. 역시 교수님의 돌직구적인 해석입니다. 그래도 간단한 해석 부탁드립니다.

주호 카르멘은 돈 호세에게 세비야에 있는 파스티야의 술집에서 세기디야를 춤추면서 만사니야라는 술을 마시러 같이 가자고 유혹하고,

대담하게 우리는 서로 사랑하고 있다고 표현하는 노래입니다.

인태　가스라이팅 맞네요. 테너 돈 호세는 당하지 않겠지요?

주호　처음에는 강력히 버티다가 세기디야의 춤을 추면서 유혹하고 세비
　　　야로 같이 가자고 유혹을 하니 그만 당하고 맙니다. 세기디야 아리
　　　아의 마지막 부분에서 저음에서부터 고음까지 트랄라라라를 부르
　　　면서 밧줄을 풀고 도망치는 비제의 재미있는 음악적 기법도 정말
　　　일품입니다.

인태　카르멘은 탈출하나요?

주호　네. 하사 돈 호세는 주니가 소위가 준 영장을 받고 호송하는 척하
　　　다가 카르멘에게 밀쳐지고 도주를 도와주게 됩니다. 이렇게 순진한
　　　돈 호세는 카르멘의 도주만 도와주고 배신당한 채 1막이 내려갑니
　　　다.

인태　빨리 2막으로 가서 카르멘을 잡으러 가시지요.

주호　2막 들어가시기 전에 비제의 특이한 오페라 형식을 하나 배우고 갈
　　　게요.

인태　특이사항이면 배워야지요. 간단하게 하시는거 아시지요.

주호　비제의 오페라 〈카르멘〉은 각 막마다 기악 간주곡이 있습니다. 이
　　　간주곡을 통해 그 막의 모든 상황을 미리 알리는 아주 중요한 역할
　　　을 하게 합니다.

인태 　재미있네요. 2막 이야기 들려주시지요.

주호 　2막의 시작은 화려합니다. 집시 카르멘이 도망쳐서 피신해 있는 '릴
　　　라스 파스티아'의 선술집에서 '시스트럼들의 악기 막대 소리는'(Les
　　　trigles des sistres tintaient)이라는 집시의 노래로 흥청망청 놀고 있는
　　　분위기가 압권입니다.

인태 　이 집시의 노래 뜻과 음악적 특징이 있나요?

주호 　시스트럼 악기와 탬버린에 맞춰 난장판이 되기까지 온몸을 던져 놀
　　　아보자는 뜻입니다. 그리고 음악적 기법은 멈출 수 없는 집시들의
　　　타락을 표현하기 위해 3절로 된 아리아 구성으로 작곡을 했지만,
　　　빠르기를 점점 빨리해서 효과를 극대화하고 있습니다.

인태 　타악기 소리와 빨라지는 박자가 겹치면 흥분이 극대화되겠네요.

주호 　바로 그것입니다. 카르멘이 있는 파스티아 술집에 밀렵꾼이 만남의
　　　장소로 이용한다는 정보를 듣고 조사 온 주니가는 카르멘에게 당
　　　신을 풀어준 테너 돈 호세는 계급이 갈등되어 한 달 정도 감옥살이
　　　했다는 소식을 알려줍니다.

인태 　결국은 돈 호세는 망했네요.

주호 　돈 호세 소식을 들은 카르멘은 아랑곳하지 않고 멋진 투우사 바리
　　　톤 에스카밀로가 들어온다는 말에 신경을 씁니다.

인태 　새로운 사랑을 찾는 거지요. 이제 교수님이 들어오시는군요?

주호 　네. '승리의 에스카밀로'(Vivat! Vivat! Escamillo)를 외치는 합창 선율이
　　　들리면 가슴이 두근두근합니다.

오페라 〈카르멘〉 우주호 출연(에스카밀로 역)

인태 교수님도 떨리시는군요. 간단한 설명 부탁드립니다.

주호 여러분이 정말 좋아하시고 콘서트할 때 바리톤이 유일하게 테너 노래보다 박수를 많이 받을 수 있는 '투우사의 노래' 아리아입니다. 노래 뜻은 1절은 파스티야 술집에 있는 군인들과 손님들에게 건배를 건네면서 소통하는 장면이고, 2절은 투우사가 황소를 죽이는 과정입니다.

인태 맞아요. 바리톤이 이 투우사 노래만 잘 부르면 공연장을 접수하는 거 여러 번 봤습니다. 교수님도 이 노래도 테너들 기를 많이 죽였지요?

주호 노래로 경쟁하면 안 되지요. 하지만 이 투우사의 노래는 박수 받기에 최고입니다. 작곡가 비제에게 정말 감사하고 있습니다. 바리톤 투우사 에스카밀로는 선술집 분위기를 장악하고 모든 여인의 사랑을 독차지합니다.

인태 카르멘도 좋아하나요?

주호 당연합니다. 에스카밀로는 카르멘에게 관심을 보이면서 하는 대화에서 찾아볼 수 있습니다. 에스카밀로가 카르멘의 마음을 살짝 흔들어놓고 사라진 후에 작곡가 비제는 밀렵꾼 단카이로가 소프라노 집시 프라스키타와 메르체데스 그리고 메쪼소프라노 카르멘에게 일을 제안하는 장면을 혼성 오중창으로 작곡했는데 오페라의 백미입니다. 꼭 놓치지 말아야 하는 감상 포인트입니다.

인태 경쾌하고 빠른 오중창이지요.

주호 두 명의 밀렵꾼 그리고 카르멘과 두 명의 집시가 각자의 말을 정말 재미있게 표현하고 있는 혼성 오중창의 끝판왕입니다.

인태 5명은 위험한 밀렵을 하러 갑니까?

주호 영창살이하고 계급이 강등된 돈 호세는 영창에서 나온 지 2시간 만에 카르멘이 그리워 찾아옵니다. 그리고 카르멘은 돈 호세를 만나기 위해 단카이로의 요구에도 안 가고 남기로 한 거지요.

인태 아, 그럼 주인공 두 사람은 이제 만나겠군요?

주호 둘은 만나서 사랑의 이중창과 정말 유명한 아리아를 합니다. 카르멘은 진심으로 자기를 사랑해준 돈 호세를 위해 아주 선정적인 노래를 하는데 캐스터네츠 타악기를 이용한 단선율의 '라. 라. 라'의 흥얼거리는 소리로 옷을 하나씩 벗으면서 돈 호세 또다시 유혹합니다.

인태　엄청 선정적이네요

주호　연출의 기법에 따라 더 선정적으로 표현되는 경우가 많습니다.

인태　사랑을 나누게 되나요?

주호　아닙니다. 군대에서 복귀 나팔소리가 들려서 돈 호세는 다음에 사
　　　랑하자고 카르멘에게 말을 하는데 그녀는 '트라타타!'라는 의성어
　　　로 돈 호세를 놀리면서 바보 같은 너는 빨리 군대로 복귀해라, "날
　　　잊어버리고 가라 애송이 같은 남자야"라고 놀리기 시작합니다.

인태　아니 감옥에서 나온 지 2시간 된 돈 호세를 또 자극하네요. 진짜 카
　　　르멘은 왜 돈 호세한테 왜 그러는지 참 답답합니다.

주호　돈 호세는 날 놀리지 말고 이런 행동하지 말라고 하면서 가슴속에
　　　품고 있는 아카시아 꽃을 보이면서 테너의 유명한 아리아 '당신이
　　　나에게 던진 이 꽃은'(La fleur que tu m'avais jetee)을 부릅니다.

인태　테너라면 부르고 싶은 '꽃의 노래는'이군요. 설명 부탁드립니다.

주호　그렇습니다. 네가 던진 꽃은 내가 감옥에 가지고 갔고, 시들고 말라
　　　비틀어져도 항상 품고 잤다. 그리고 나는 너를 다시 만나기만을 기
　　　다렸고, 나는 너의 것이니 정말 사랑한다는 고백의 아리아입니다.

인태　역사에 길이 남을 최고의 아리아 '당신이 나에게 던진 이 꽃은'으로
　　　감옥생활 속에도 카르멘이 던진 꽃을 안고 다시 만날 날을 기다린
　　　진짜 순수한 사랑을 하고 있네요. 그래서인지 이 곡은 정말 어렵잖

아요.

주호 드라마틱한 스핀또(Spinto, 극적이고 서정적인) 테너의 소리로 사랑의 고
백 선율을 표현해야 하고 마지막 극고음을 잘 내야 합니다.

인태 정말 많은 테너가 이 노래의 극고음과 마지막 피아노의 엔딩은 잘
하기가 너무 힘든 것 같습니다.

주호 테너 열 분 중 한두 분 정도는 잘하고 대부분은 음 이탈과 음정이
떨어집니다.

인태 어려운 노래는 확실합니다.

주호 간혹 소리가 가벼운 레제로 테너들이 이 아리아를 무난하게 부르
는 경우가 있는데, 치명적인 사랑을 노래하는 감정을 표현하기에는
너무 빈약합니다.

인태 맞아요. 이 노래는 드라마틱해야 맛이 납니다.

인태 이 두 사람의 사랑이 이루어지나요?

주호 팜므파탈 카르멘은 돈 호세에게 탈영을 요구하고 나랑 같이 깊은
산속으로 자유를 위해 떠나자고 제안을 합니다. 돈 호세는 절대 그
럴 수 없다고 하자 카르멘은 헤어지자고 합니다.

인태 정말 가스라이팅의 원조이네요.

주호 돈 호세는 절대 안 된다고 할 때 상사인 주니가가 나와서 카르멘을
취하려고 하자 돈 호세와 주먹다짐을 하게 됩니다.

인태 하극상인데요.

주호 여기서 돈 호세의 인생은 또 꼬이기 시작하고, 하극상으로 군에 못 돌아가니, 카르멘과 바리톤 단카이로는 우리와 같이 자유를 위해 저 아름다운 곳으로 가자고 합니다. 돈 호세는 카르멘을 사랑하기 때문에 그들을 따라나섭니다.

인태 카르멘이 들었다 놓았다 하네요. 테너는 정말 단순한 역을 많이 맡는 것 같아요.

주호 2막 피날레는 카르멘과 돈 호세 그리고 두 집시와 밀렵꾼들이 합창단과 마지막 단어 '자유'(La Liberte)의 합창은 정말 환상적입니다.

인태 이렇게 2막이 끝나는군요.

죽음으로 끝난 관능적인 치정극

인태 반갑습니다. 바리톤 우주호 교수님과 〈카르멘〉 이야기 계속하겠습니다. 어서 오세요.

주호 네. 반갑습니다. 안녕하십니까?

인태 오늘 따라 목소리가 굉장히 구수한 가을 남자 같습니다.

주호 저 사투리가 있어서 구수한가요?

인태 사투리와 묵직한 바리톤 목소리 때문인 것 같습니다.

주호 감사합니다. 이제 제 사투리로 3막 시작해보겠습니다. 〈카르멘〉의 특징 중에 막마다 간주곡이 있다고 말씀드렸지요.

인태 기억이 납니다.

주호 폭풍 전야의 밤처럼 아름답고 서정적인 오케스트라 음악이 흘러나 옵니다. 카르멘과 돈 호세 그리고 밀수업자들이 은신하고 있는 산 속이 등장합니다.

인태 그럼 돈 호세는 직업군인과 약혼자 미카엘라를 다 포기했나요?

주호 돈 호세는 모든 것을 포기하고 팜므파탈의 카르멘을 따라 산속에 온 것입니다.

인태 정말 카르멘을 사랑했네요. 자세한 오페라 이야기 부탁드립니다.

주호 바리톤 단카이로가 밀수업자들을 데리고 '우리 밀수꾼들의 삶도 아주 좋고 재미있으니 빨리 물건을 전달하자'라는 내용의 합창을 하면서 등장합니다. 밀수업자들 사이에서 같이 일을 하는 카르멘과 돈 호세는 이런 자유의 삶에서 사랑의 권태기를 느낍니다.

인태 카르멘이 벌써 싫증이 났군요.

주호 돈 호세는 카르멘을 사랑하므로 자신이 변해가는 모습을 못 느끼고 모든 것을 포기한 채 살아가고 있는 것입니다. 그리고 카르멘은 두 집시, 메르체데스와 프라스카타와 사랑의 점을 보기 시작합니다. 카르멘의 타로점 아리아 '헛되고 쓰라린 대답을 외면하지만'(En vain pour e'viter les re'ponses ame'res,)를 부르면서 죽음의 점괘를 걱정하는 카르멘의 노래입니다.

인태 점점 불행의 테마가 조금씩 표현이 되기 시작하네요.

주호 하루하루 살아가는 카르멘은 다시 멋진 사랑과 행복을 위해 우리는 같이 살아야 한다고 다짐하면서 타로점 삼중창이 끝나고 밀수품을 전달하기 위해서 단카이로와 두 집시 소프라노 프라스키타와 메르체데스 그리고 카르멘은 세관원을 설득하는 재미있는 앙상블을 노래합니다.

인태 돈 호세가 오직 사랑만을 위해 미래가 없는 삶을 선택한 게 이해가
안 되네요.

주호 결국 이 오페라는, 카르멘의 자유분방한 삶과 사랑을 보여줌으로
써 자유와 사랑을 위해 매우 이기적이고 자기 만족적인 삶을 살던
그 당시 젊은이들에게 교훈을 주고자 한 작품입니다. 이러한 카르
멘과는 다른 삶을 사는 착실한 미카엘라는 방황하는 돈 호세를 찾
으러 이 무서운 산속까지 옵니다.

여기서 소프라노 미카엘라는 '나는 아무것도 무섭지 않아'(Je dis, que
rien ne m'epouvante)라는 노래를 부릅니다. 낯선 곳에 와서 오로지 애
인 돈 호세를 찾기 위해 신에게 도움을 요청하는 간절한 기도의 노
래이기도 합니다.

인태 정말 미카엘라의 순수한 사랑에 제발 돈 호세는 마지막 손길을 잡
고 고향으로 돌아가길 바랍니다. 교수님, 사실 저는 미카엘라의 기
도 아리아를 잘 몰라요. 설명 좀 부탁드립니다.

주호 고향에 있는 어머님이 위독하시다는 메시지를 돈 호세에게 전하기
위해 이 무서운 곳에 수소문해 도착한 것입니다. 한 번도 산속을 방
문한 경험이 없는 미카엘라는 어떻게 하면 어머님의 위독함을 아들
돈 호세에게 전할 수 있을까 걱정하면서 신에게 간절히 부르는 노
래입니다. 소리가 큰 리릭 소프라노가 내면의 두려움을 기도문으로
드라마틱하게 표현해야 하는 어려운 노래 중의 하나입니다.

인태 기도문이었군요. 카르멘의 팜므파탈이 여러 사람 고생시키네요.

주호 맞아요. 또 한 사람 있습니다. 바로 세비야의 영웅인 투우사 에스카밀로도 사랑하는 카르멘을 찾아 이 깊은 밀수현장의 장소까지 찾아옵니다. 여기에서 우연히 돈 호세를 만나는데 카르멘을 서로 좋아하는 삼각관계임을 알게 됩니다. 그들은 사랑을 가지려고 칼로 싸우는 나바하(Navaja)라는 결투를 하게 됩니다. 테너와 바리톤의 멋진 이중창입니다. 정말 작곡가 비제가 성악가들을 위해 작곡한 소리내기 편한 이중창입니다.

인태 왜지요?

주호 정말 표현이 저절로 되고 성악가가 소리를 편하게 낼 수 있는 음역으로 작곡이 되어 있습니다. 두 질량감이 있는 소리, 바리톤 에스카밀로와 테너 돈 호세의 음악적 대결도 이 오페라의 백미라고 확실히 말씀드릴 수 있습니다.

인태 한 여인의 자유분방한 사랑이 두 남성의 마음을 모두 가졌네요.

주호 두 사람은 결국 자신들의 사랑을 위해 결투를 합니다.

인태 서로 막상막하로 펼치는 결투 장면은 볼 만합니다. 교수님은 기억나는 결투장면이 없나요?

주호 기억나는 장면보다는 여기서 결투를 너무 열심히 해서 숨이 차서 노래를 잘 못해 혼난 적이 있습니다.

인태 숨차면 노래는 불가능하지 않나요?

주호 네. 그 순간을 생각하니 악몽입니다. 고음은 어떻게든 냈는데 되려 중음이 나지 않아서 망친 기억이 있습니다.

인태 그래도 교수님 박수 많이 받았지요?

주호 다행히도 멋진 관객분들이 있으셔서 큰 고비를 넘긴 기억이 있습니다.

인태 정말 재미있네요. 결투 연기에 숨이 차서 노래를 망칠 뻔했다니요! 교수님, 오페라에서 '나하바'식 결투에서 누가 죽나요?

주호 카르멘과 단카이로 밀수업자 친구들 그리고 미카엘라가 급히 와서 결투는 일단락은 되었지만, 그들의 결투는 다음 기회로 하고 헤어집니다.

인태 미카엘라도 왔군요.

주호 카르멘이 바리톤 에스카밀로를 선택하자 돈 호세는 분노하고 어머님의 마지막 순간을 위해 미카엘라와 고향으로 갑니다.

인태 돈 호세가 조금은 정신을 차리네요! 그래도 화가 납니다. 이렇게 3막이 내려가는군요.

인태 교수님, 바로 4막 이야기 좀 해주세요. 4막의 장소는 어디인가요?

주호 에스카밀로가 카르멘과 모든 친구를 초대한 세비야 투우 원형경기장입니다.

인태 카르멘은 결국, 에스카밀로를 선택했군요.

주호 세비아의 영웅인 강한 에스카밀로는 투우사들의 팀들인 '쿠아르디'(Quadrille) 사이에 나오면서 카르멘과 세상에서 제일 짧은 이중창 '나를 사랑한다면, 카르멘'(Si tu m'aimes, Carmen) 노래합니다.

인태 정말 세상에서 제일 짧은 이중창인가요? 몇 분인가요?

주호 1분 30초 정도입니다. 그런데 정말 사랑 고백을 위한 최고의 멜로디로 천재 작곡가 비제가 작곡했습니다.

인태 비극의 오페라 카르멘에서 이런 재미있는 이중창이 있었군요.

주호 그 다음 바로 정말 길고 드라마틱한 이중창이 나옵니다.

인태 혹시 돈 호세가 다시 세비야로 왔나요?

주호 돈 호세는 어머니를 잠시 뵙고 탈영병으로 다시 감옥에 가야 하나 다시 고향을 도주해서 카르멘에게 사랑을 확인하는 오페라의 마지막 이중창 '너구나! 그래 나다!'(C'est toi! C'e moi!) 합니다.

인태 돈 호세가 너무 불나방 같은 사나이군요? 내용이 어떻게 되나요?

주호 돈 호세는 카르멘을 영원히 사랑하니 제발 에스카밀로를 버리고 나에게 오라고 합니다. 하지만 카르멘은 다시는 너와 사랑하지 않고 나는 목숨을 다해 나의 새로운 사랑 에스카밀로를 사랑할 거니 "너는 빨리 나를 버리고 떠나라"라고 경고하는 이중창입니다. 그래도 돈 호세는 사정하면서 다시 카르멘에게 사랑을 구걸하자 그녀는 돈 호세가 준 반지를 던지면서 '싫다! 싫어! 네가 옛날에 준 반지다. 가져가 버려라!'(Non! non! Cette bague autrefois, tu me l'avais donnee, tiens!) 이런 저주를 합니다.

인태 카르멘도 미쳤군요! 이 노래도 아주 어렵지요?

주호 정말 어려운 이중창입니다. 일단 카르멘과 돈 호세는 음악적으로 감정 조절을 잘해야 합니다.

인태 흥분해서 소리를 조절 못 하면 음정을 이탈하는 경우가 많이 생기는 위험한 이중창이지요?

주호 맞습니다. 마지막 두 사람의 감정대립이 폭발적으로 일어나서 마치 소리의 대결, 극적인 감정대결 그리고 연기력 대결 구도가 일어나면서 정말 박진감 넘치는 극적인 마지막 무대입니다.

인태 교수님, 설명만 들어도 무대가 눈에 선합니다.

주호 흥분한 돈 호세는 반지를 던지고 세비야 원형장으로 가는 카르멘을 칼로 찔러 죽이면서 오페라의 대비극은 끝이 납니다.

인태 결국 지나친 사랑은 죽음으로 가는군요. 여러분 서로 이성을 만날 때 좋은 사람을 잘 찾아서 만나시길 이 오페라를 통해 배우시길 권유합니다.

주호 당시 방종한 연애로 인생을 의미 없이 보내며 생각 없는 삶을 사는 젊은이들을 향해 작곡가 비제는 오페라 작품을 통해서 화두를 던진 겁니다.

솔오페라단 예술의 전당 〈카르멘〉 커튼콜 우주호 출연(에스카밀로 역)

출처 : 저자 제공

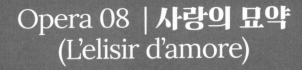

Opera 08 | 사랑의 묘약
(L'elisir d'amore)

〈사랑의 묘약〉 한눈에 보기

1. 이 오페라의 유명한 아리아 '남몰래 흐르는 눈물'은 처음 작곡되었을 때와 멜로 디는 상당 부분 다릅니다.
2. 사랑의 묘약은 술, 즉 '와인'입니다.
3. 오페라 '미약'에서 오페라 〈사랑의 묘약〉으로 작곡되었습니다. 즉, 원작이 오페라 에서 오페라로 바뀐 것입니다.
4. 도니젯티는 속성으로 작곡하는 게 유명하고 절대 안 고치는데, 〈사랑의 묘약〉은 2주 만에 작곡했고 4주 동안 수정을 했다고 합니다.
5. 벨깐토적인 오페라이지만 부파(희극)적인 요소로 작곡되었습니다.

작가 : 이윤이, 제목 : 사랑의 묘약

거짓 사랑의 묘약이 빚어내는
유쾌한 소동

인태 오페라의 사나이 바리톤 우주호 교수님을 지금 바로 만나러 가겠
습니다.

주호 반갑습니다.

인태 교수님, 저도 반갑습니다. 사나이답게 바로 여쭙겠습니다! 오늘의
오페라는 뭔가요?

주호 아마 인태 선생님이 제일 잘할 수 있는 오페라일 것입니다. 오페라
마니아들이 가장 사랑하는 오페라입니다. 바로 가에타노 도니젯티
(Gaetano Donizetti)의 〈사랑의 묘약〉(L'elisir D'amore)입니다.

인태 아~! 〈사랑의 묘약〉이군요, 오~예~! 제가 가장 좋아하는 오페라입
니다.

주호 인태 선생님과 음악 활동을 함께하고 계신 유슬기 선생님 중 누가
더 이 오페라를 잘하시나요?

국립오페라단 오페라 〈사랑의 묘약〉 우주호 출연(벨코레 역)

출처 : 저자 제공

인태 솔직히 말씀드리면 슬기 씨가 조금 더 잘하는 것 같습니다.

주호 겸손의 말씀입니다. 인태 선생님도 아주 잘하시는 걸 제가 잘 알고
있습니다.

인태 말씀 나온 김에 같은 테너인데, 누구는 이 오페라에, 누구는 저 오
페라에 잘 어울린다고 하는데, 그 기준이 뭔가요?

주호 간단히 말씀드리겠습니다! 스포츠 게임 중에 유도, 레슬링, 권투 등
체급이 있는 분야가 있지요!

인태 네.

주호 똑같습니다! 남, 여 성악 분야 성부마다 소리의 체급, 단계가 있습
니다.

1. 레제로(Leggiero) : 가볍고 테크닉 있는 소리

2. 리릭꼬 레제로(Lirico Leggiero) : 풍성하고 감성적 소리

3. 리릭꼬 스핀또 드라마틱(Lirico Spinto e Dramatico) : 극적이고 강한 표현을 하는 소리

인태 자세히 설명 부탁드립니다. 성악가면 모든 오페라를 다 할 수 있는 거 아닌가요?

주호 아닙니다! 다른 이야기이지만 가곡을 부를 때에는 자기가 원하는 음조로 높이거나, 낮추거나 할 수 있습니다. 하지만 오페라의 노래 는 무게, 미터, 길이가 세계 기준치가 있듯이 작곡가가 처음에 작곡 해서 초연한 조성 그대로 무조건 불러야 합니다!

인태 그래서! 오페라 아리아가 어렵군요!

주호 네. 맞습니다! 그리고 가벼운 소리의 소유자가 강하고 드라마틱한 오페라를 하는 것이 금지되어 있고, 연주하게 되면 상당한 비판을 받기도 합니다. 물론 드라마틱한 성악 소리가 가벼운 역할을 해도 똑같습니다.

인태 오페라는 영역이 분명히 나누어져 있네요?

주호 대중들에게는 조금 딱딱한 말이지만 오페라 가수들에게는 상당히 중요한 문제라서 서로 의견이 대립 되기도 합니다. 예를 들어서 조 수미 선생님께서는 〈사랑의 묘약〉 아디나 역할은 잘 어울리지만, 〈토스카〉나 〈나비 부인〉에서 주역으로 나서면 많은 구설에 오르게 된다는 것입니다.

인태 오늘 좀 복잡하지만, 교수님께서 중요한 오페라 감상 정보를 가지

고 오셨네요! 감사합니다.

인태 자, 이제 오페라 이야기 들어가시지요. 매번 유명한 작품들만 골라서 가져오시는데, 어쩌면 오늘이 가장 한국인이 좋아하는 유명한 작품인 것 같습니다.

주호 오페라의 계절 가을에는 바순(Bassoon) 소리가 있는 〈사랑의 묘약〉의 네모리노의 테너 아리아 '남몰래 흐르는 눈물'(Una furtiva lagrima)을 들어봐야겠지요. 이 노래를 여러분을 위해 가지고 왔습니다!

인태 아주 잘하셨습니다. 그동안 저희가 만났던 오페라들이 모두 원작이 있었잖아요?

주호 그렇습니다.

인태 궁금한데 이 〈사랑의 묘약〉도 원작이 따로 있지요?

주호 여전히 있습니다! 프랑스어로 먼저 대본이 있었는데, 극작가 펠리체 로마니(Felice Romani)가 이탈리아 언어로 다시 대본을 완성했습니다.

인태 그 프랑스 대본 제목이 뭐지요?

주호 1831년에 다니엘 오버(Daniel Auber)의 오페라 〈미약〉(Le philtre)입니다.

인태 오페라 원작에서 다시 오페라로 작곡되었네요. 그런데 〈사랑의 묘약〉이라는 말이 왜 이렇게 귀에 익는지, 혹시 그리스 신화에 나온 이야기 아닌가요?

주호 정확합니다! 이게 지금 중세의 문학이면서 유럽에 있는 켈트족의 전설에 나오는 트리스탄 기사와 이졸데 공주의 비극성을 희극적인 요소(사랑의 묘약)만 가지고 만든 오페라입니다.

인태 트리스탄과 이졸데에 영감을 얻어 사랑의 묘약이 탄생했네요! 사실 원작의 그리스 신화는 거창하지만, 사랑의 묘약이라면 술 아닙니까?

주호 네. 맞습니다. 이졸데 공주와 트리스탄 기사 사이의 금지된 비극적인 사랑을 다룬 이야기입니다. 여기서 둘이서 실수로 먹는 사랑의 묘약으로 서로 사랑에 빠지게 되어 비극적인 사랑을 하는 내용입니다. 여기서 도니젯티는 사랑의 묘약만 차용하여 만든 오페라입니다. 트리스탄과 이졸데는 비극의 묘약이고, 오페라 사랑의 묘약은 희극의 묘약인 것입니다.

인태 질문 있습니다. 사랑의 묘약을 오페라 부파로 이해하면 되나요?

주호 네! 도니젯티의 오페라 사랑의 묘약은 벨깐토이면서 희극 부파입니다.

인태 희극 부파라면은 모차르트나 롯시니의 오페라 같은 것인가요?

주호 그렇습니다. 도니젯티도 그들과 동시대에 살면서 벨깐토적인 음악 형태와 부파적인 요소를 완벽하게 혼합하여 완성한 작품이 많이 있습니다.

인태 교수님, 오페라 부파가 무엇인지 설명해주세요.

주호 오페라 부파(Opera Buffa)는 희극적인 요소를 다루며 가볍고 발랄한 내용을 기본으로 하고 행복한 엔딩으로 끝나는 오페라 장르입니다. 모차르트, 롯시니, 도니젯티가 대표적인 작곡가입니다. 그 반대로는 오페라 세리아(Opera Seria)는 비극적이고 막장 드라마 같은 오페라를 말하며 푸치니, 베르디, 마스카니 등이 있습니다.

인태 감사합니다. 간단하고 너무나 쉽네요.

인태 우리 도니젯티의 천재성에 대해서는 제가 조금 알고 있습니다. 제가 알기론 작품을 엄청나게 빨리 쓴다고 하는데, 오페라 〈사랑의 묘약〉은 얼마나 걸렸는지 궁금합니다?

주호 이 환상적인 오페라를 1832년에 단 2주 만에 작품을 완성했다고 합니다.

인태 대단하네요! 천재입니다!

주호 원래 작품의 완성도를 위해 연주자들과 소통을 하지만, 그분이 일단 한 번 만든 작품은 수정하는 일이 거의 없었다고 합니다.

인태 대박입니다! 굉장하네요.

주호 그런데 〈사랑의 묘약〉 오페라는 유일하게 2주 만에 완성 후에 4주 동안 고치고 또 고쳤다고 합니다. 이렇게 도니젯티의 애정이 가득한 작품이고, 굉장히 심혈을 기울여서 만든 최초의 작품이니 우리가 엄청나게 사랑하는 작품이 된 것이네요!

인태 교수님, 테너 아리아 '남몰래 흐르는 눈물'도 지금의 멜로디와는 조금 다른 것으로 알고 있습니다.

주호 정말 천재십니다!

인태 작곡가 도니젯티가 천재라고 마구 천재 난발하는 게 아닌가요?

주호 그만큼 중요한 정보를 알고 계셔서 놀랐다는 감탄사입니다! 초연 200년 후에 세계적인 테너 로베르토 알라냐(Roberto Alagna)가 실제 공연에서 원작으로 불러서 화제가 되었다고 합니다.

인태 저는 개인적으로 지금의 멜로디가 더 좋아요.

주호 저도 그렇습니다! 주목할 부분은 도니젯티가 수정을 거듭해서 심혈을 기울였다는 증거가 있다는 것입니다. 여러분도 원곡과 수정 후 지금의 곡을 꼭 들어보시고 비교해보시기 바랍니다!

인태 이제 본격적으로 오페라 이야기해 볼까요? 교수님 〈사랑의 묘약〉은 총 몇 막인가요?

주호 총 2막입니다

인태 보통은 오페라는 3막, 4막 아닌가요?

주호 네. 꼭 규칙은 없지만 드라마틱한 내용이 있는 오페라 세리아(비극)는 주로 3막 이상이고, 희극적 요소가 있는 오페라 부파(희극)는 2막이 많습니다. 단! 희극도 3막이 있고 비극도 2막이 있으니 참고하시길 바랍니다.

인태 한 가지 궁금한 점인데요, 이탈리아의 작곡가임에도 불구하고 배경이 일본, 프랑스인 적이 있었습니다. 도니젯티는 이탈리아 사람인데

이 작품의 배경은 어디인가요?

주호 〈사랑의 묘약〉은 이탈리아입니다. 1880년대의 이탈리아의 어느 작은 시골 마을이라고만 지칭되어 있어요.

인태 그때 당시 이탈리아 상황이 어땠나요? 간단히 설명 부탁드립니다.

주호 이탈리아 국가는 1859년에 통일운동이 일어나서 1870년대 통일이 되었습니다. 이탈리아 지방 사회가 많이 어수선하고 먹고 살기에 바쁜 혼돈의 시기였습니다. 이때 도티젯티가 국민을 위해 웃을 수 있는 내용의 오페라를 작곡해야겠다고 생각했습니다.

인태 사회 상황이 명작 오페라를 탄생하게 했네요!

인태 이제 본격적으로 오페라 속으로 들어가주시지요.

주호 오페라 첫 장면은 젊은 농장주인의 딸, 아디나는 마을 농부들이 모여있는 곳에서 재미있는 이야기를 하고 있습니다. 그런데 한 순수한 젊은 청년 네모리노는 짝사랑하는 아디나를 몰래 멀리서 바라보면서 '얼마나 아름답고, 얼마나 귀한지!'(Quanto e bella,Quanto e cara!)를 부릅니다. 예쁘고 우아한 그 마을의 농장 지주의 딸을 짝사랑하게 된 것입니다.

인태 오페라가 열리자마자 정말 제가 좋아하는 아리아가 나오네요! 설명 부탁드립니다

주호 '얼마나 아름답고 귀한지 나는 너무 좋아해요. 그리고 그녀는 정말 현명하고 똑똑합니다. 그 대신 나는 우둔하고 말을 못 해서 바보스

럽습니다. 나는 언제 내 가슴속에 있는 사랑을 고백할까요?'(Quanto o' bella, quanto e' cara! piu la vedo', e piu mi piace…)라는 내용입니다.

인태　정말 순진하군요.

주호　테너 네모리노 말처럼 유일하게 그 마을에서 책을 읽을 줄 아는 아디나는 마을 사람들에게 트리스탄과 이졸데에 나오는 사랑의 묘약에 대해 '냉정한 이졸데를 트리스탄이 사랑한다네'(Della crudele Isotta il bel Tristano ardea)라고 이야기해주고 있습니다.

인태　간단하게 또 설명 부탁합니다.

주호　트리스탄 기사는 한 마술사의 권유로 사랑의 묘약을 마시고 이졸데를 영원히 사랑하게 되어 감사하다는 내용의 노래입니다.

인태　혹시 어리석은 네모리노는 사랑의 묘약에 대해 듣고 엉뚱한 결심을 하는 게 아닌가요?

주호　맞습니다. 아디나에게 사랑에 빠진 네모리노는 사랑의 묘약이 있다는 사실을 듣고 그것을 먹기로 결심하면서 오페라는 코믹적으로 전개됩니다.

인태　벌써 웃음이 나오기 시작합니다. 계속 부탁드립니다.

주호　조용한 마을에 북소리와 함께 멋진 군인이 치안을 위해서 입장합니다. 상사인 바리톤 벨코레는 꽃을 들고 와서 마을 아가씨들 사이에 있는 아디나를 보자마자 이렇게 '파리스가 미의 신에게'(Come Paride vezzoso) 고백합니다.

인태 첫 바리톤 아리아인데 설명 부탁드립니다.

주호 벨코레는 자신 있게 아디나에게 '파리스는 사랑하는 미의 여신에게 능금을 바쳤고 나는 사랑하는 아디나에게 꽃을 바칩니다'(Come Paride vezzoso porse il pomo alla piu bella, mia diletta villanella, io ti porgo questi fior)라고 과감히 사랑 고백을 합니다.

인태 사랑의 자신감에 바리톤 벨코레는 마을 여성들의 인기몰이를 싹쓸이하겠네요.

주호 당연합니다. 그 기세를 몰아서 예쁘고 똑똑한 아디나에게 결혼 프러포즈를 한 겁니다.

인태 소프라노 아디나가 받나요?

주호 그러면 오페라가 끝나겠지요? 바리톤 벨코레의 프러포즈를 아디나에게 하는 장면을 보는 순간에 네모리노는 심한 불안함과 질투를 느끼는 삼각관계가 오페라의 첫 장면입니다.

인태 사랑은 삼각관계지요! 분위기가 흥미로워지네요.

주호 테너 네모리노는 불안함과 질투로 소프라노 아디나에게 '할 말 있어요. 아디나'(Una parola o Adina)를 간절히 이중창합니다.

인태 네모리노가 아디나에게 무슨 말을 하나요?

주호 먼저 이 이중창은 정말 예쁘고 아름답습니다. 테너 네모리노는 용기를 내어 소프라노 아디나에게 프러포즈합니다만 소프라노 아디나는 '당신은 너무 좋은 분이나 상사 벨코레처럼 멋지지 않아요'(Odimi, Tu sei buono, modesto sei, ne' al par di quel sergente) 그리고 '산들 바람에 물어보세요.'(Chiedi all'aura lusinghiera) 여자의 마음은 산들 바람처럼 변덕쟁이니 나를 사랑하지 말라고 정중히 거절합니다.

인태 아디나 마음은 벌써 바리톤 벨코레한테 가 있네요!

주호 네모리노는 아디나 말을 듣고 이렇게 '난 못해요.'(Cara Adina!…Non poss'io) 강력하게 부정하면서 다시 이렇게 노래를 합니다. '흐르는 강에게 물어보세요.'(Chiedi al rio)라며 '고향산천 등지고 흐르는 강물처럼 나는 당신 아디나만 따라 다니면서 영원히 사랑할 겁니다'라고 다시 사랑을 고백하는 이중창입니다. 이 실패한 사랑 고백의 이중창이 끝나고 도니젯티는 분위기를 확 전환시켜서 사기꾼 약장수인 베이스 둘카마라가 동네 사람들을 현혹해 약을 팔기 위해 '여러분 들으세요.'(Udite. Udite)를 열창합니다.

인태 저 이 베이스 아리아 너무너무 좋아합니다!

주호 저도요! 한번 말씀드렸는데 무대에서 테너 성악가들보다 박수를 많이 받을 수 있는 노래가 바리톤에서는 〈카르멘〉의 '투우사의 노래'가 있고, 베이스 분야에서는 지금이 노래가 있습니다!

인태 정말 재미있는 노래이고 무조건 박수받는 기가 막힌 노래이지요!

주호 빠른 음악 진행과 코믹요소의 연기적 연출기법 그리고 대중과 소통하는 빠른 가사가 아주 매력적인 둘카마라 아리아입니다.

인태 가사 내용 간단하게 설명해주시는 거 아시지요?

주호 정말 간단하게 원하세요?

인태 어렵게 느껴지는 오페라를 쉽고 간단히 설명하는 게 교수님의 장점
     이시니 간단히 부탁드립니다.

주호 그럼 간단히 설명드리겠습니다. "비얌이 왔어요, 비얌이! 한번 먹어
     봐! 책임을 못져! 아이들은 물러가라! 만병통치약 비얌이 왔어요!"
     입니다.

인태 교수님 여기서 이러시면 안 됩니다.

주호 정말입니다. 딱! 이 상황입니다. 하하.

인태 자세히 설명 부탁드립니다.

주호 사기꾼 둘카마라는 순진한 농부들만 있는 마을 사람들에게 이 약
     을 먹으면 모든 것을 해결할 수 있고, 모든 병을 다 고치는 유일한
     묘약이라고 '뻥'을 칩니다!

인태 '뻥'에 당할 사람 없는데….

주호 약장수 둘카마라는 이 만병통치약을 만드는 데 평생을 바쳤다고
     하니, 순진한 농부 마을 사람은 믿을 수밖에요! 약은 날개돋인듯이
     팔립니다.

인태 정말 이 오페라가 재미있습니다. 정말 "비얌이 왔으요!"네요. 제가
     학교 다닐 때 친구들이 이 곡 부르는 것을 자주 봤습니다.

주호 음대 성악가 출신 베이스라면 무조건 이 곡을 해야 합니다! 이 둘카
     마라의 '들으시오'는 오페라 부파 최고의 베이스 곡으로 학생들이
     모든 콩쿠르에 1등을 하기 위해서 준비하는 곡입니다.

인태 이 곡 잘하면 무조건 1등이지요!

주호 이 곡을 잘하면 다른 성악 성부들이 벌벌 떨게 됩니다.

인태 둘카마라 아리아 생각하면 지금도 박수를 보내고 싶습니다.

주호 이 노래를 듣고 네모리노는 사기꾼 약장사 둘카마라에게 '이졸데의 사랑를 얻었다는 트리스탄이 마신 사랑의 묘약을 갖고 있나요?'(Avreste voi … per caso … la bevanda amorosa della Isotta?)라고 질문을 합니다.

인태 으…. 바보네요….

주호 여기서 사랑의 묘약인 술을 사고파는 역사적인 이중창이 나옵니다. '말씀드리면…. 사랑을 깨우는 멋진 묘약 있나요….'(Voglio dire...lo stupendo elisir che desta amore..)라는 네모리노의 질문에 사기꾼 둘카마라는 자기가 그 약을 만들었고 지금 인기가 너무 많아서 조금밖에 없으니 빨리 구매하라고 합니다. 또 '절대 남에게 비밀로 해야 해요…. 알겠지요?'(Sovra cio'... silenzio.. sai?)라고 당부합니다. 그리고 자기가 도망갈 시간을 벌기 위해 하루 후에 효과가 나타나기 시작한다고 말하며 완벽한 사기를 칩니다. 당연히 순진한 네모리노는 너무나 감사해하면서 그 약을 모두 삽니다.

인태 이중창이 너무 재미있고, 코믹하지요?

주호 완전 사기꾼 둘카마라는 순진한 네모리노에게 와인을 사랑의 묘약이라고 속여서 판 것입니다! 이걸 마시면 네가 원하는 모든 사랑을 얻을 수 있다고 말입니다! 음악적으로 빠르고 경쾌한 가사의 진행이 이중창의 감상 포인트이고, 너무나 익살스러운 멜로디가 진행되어 오페라의 명장면으로 꼽힙니다!

인태   그래서 사랑의 묘약을 마시나요?

주호   '오, 사랑의 묘약이여! 너는 내 것, 모두 내 것이다'(Caro Elisir sei mio! si, tutto mio) 이렇게 노래를 하면서 한 잔씩 마시기 시작합니다.

인태   많이 마시면 취할 텐데.

주호   취하지요! 네모리노는 와인이 너무 맛나서 술에 취하기 시작할 때 아디나가 들어옵니다.

인태   술주정 하겠네요.

주호   아디나가 들어오는데도 네모리노는 술 마시면서 아는 체도 안 하고 둘카마라 말만 믿습니다. '이 와인을 마시면 그다음 날 그녀는 나를 사랑하게 될 것이다'(Tant'e ...domani adorar mi dovra' quel cor spietato)라고 하면서 계속 술만 마십니다. 아디나가 왜 그러느냐고 물어도, 후회할 거라고 경고를 해도, 테너 네모리노는 사랑의 묘약의 효과는 내일이니 지금은 참고 와인 음악 테마 멜로디를 '랄랄라라라~' 부르면서 계속 술과 춤을 하는 정말 재미있는 무대가 펼쳐집니다!

인태   웃음바다의 무대이겠네요. 사기꾼 둘카마라가 자기 도망갈 시간을 벌려고 술의 효과는 하루 후에 나타난다고 속인 것인데 순진하게 그것을 믿은 테너 네모리노는 "내일이면 아디나는 내 것이다"라고 확실히 믿고 있네요! 아디나가 엄청나게 당황했겠네요! 하하.

주호 자기만 보면 어찌할 줄 모르던 네모리노가 자기를 봐도 반응없이 밝은 모습으로 담대하게 인사를 하니 아디나는 당황하기 시작합니다. 이런 모습의 이중창이 너무 재미있고, 웃음 대잔치 오페라가 됩니다.

인태 무대가 궁금해집니다.

주호 이때 그 잘난 바리톤 벨코레가 '트란, 트란, 트란, 전쟁도, 사랑도 이제는 다 지루하고 피곤하다'(Tran, tran, tran, in guerra ed in amore l'assedio annoia e stanca)라고 투덜대면서 등장합니다!

인태 아! 잘난척 쟁이 벨코레가 나왔네요. 무슨 일이 일어나겠네요?

주호 삼각관계의 삼중창이 설명해줍니다. 바리톤 벨코레가 소프라노 아디나에게 결혼을 결정했냐고 묻자 그녀는 일주일 내로 답을 주겠다고 말을 합니다. 하지만 이 이야기를 들은 테너 네모리노는 사랑의 묘약을 내가 마시고 있기 때문에 내일이면 아디나는 나와 결혼할 것이라고 생각하는 정말 재미있고 아슬아슬한 삼중창입니다.

인태 네모리노가 술주정으로 아디나를 살짝 무시하니 그녀는 화가 나서 벨코레한테 결혼을 승낙한 거네요!

주호 네! 그런데 갑자기 급한 소식을 소프라노 잔네타가 전하면서 네모리노는 더 급해집니다.

인태 무슨 소식이지요?

주호 군사령부에서 벨코레에게 내일 당장 철수하라는 명령이 떨어집니다. 벨코레는 급한 나머지 오늘 저녁에 당장 결혼하자고 아디나에게 프러포즈를 합니다!

인태 아디나는 프러포즈를 거절하겠지요?

주호 아니오. 결혼을 승낙합니다!

인태 안 됩니다! 안 돼요!

주호 네모리노의 묘약 효과는 내일인데, 지금 아디나가 결혼 승낙하고 벨코레의 손을 잡고 결혼을 준비하러 갑니다. 조바심이 생긴 네모리노는 주변 마을 주민들에게 사정을 해보지만 벨코레의 승리로 1막이 끝납니다.

인태 도와줄 수도 없고! 네모리노가 방법이 없네요. 결혼이 오늘 저녁인데요!

주호 1막은 끝났지만, 마지막 이런 재미있는 갈등의 삼중창과 결혼 축하 대합창 하모니는 정말 이 오페라에서 환상의 클라이맥스를 볼 수 있습니다.

인태 빨리 2막으로 넘어가시지요!

진정한 사랑의 묘약은
순수한 마음

인태　오페라의 고수 바리톤 우주호 교수님, 안녕하세요!

주호　안녕하십니까?

인태　바로 이제 오페라 이야기 나눠보도록 하겠습니다. 지난 시간에 〈사
　　　랑의 묘약〉 1막 이야기 나눠봤는데요. 오늘은 나머지 2막 이야기
　　　들어보겠습니다. 작품 이야기하기 전에 질문이 있습니다. 〈사랑의
　　　묘약〉은 언제 한국에서 공연되었나요?

주호　참고로 오페라 초연은 1832년 이탈리아 밀라노에서 공연되었습니
　　　다. 그리고 한국은 1968년 11월에 한국가곡 수선화를 작곡하신 김
　　　동진 선생님께서 우리나라 최초로 〈사랑의 묘약〉을 지휘하셨습니다.

인태　'그대는 차디찬 의지의 날개로…'라는 곡을 작곡하신 김동진 선생님
　　　이신가요?

주호　네! 그리고 중요한 것은 순수 한국 성악가들로 구성되어 한국에서
　　　첫 공연을 했다고 합니다.

인태 캐스팅이 누구인지 알 수 있을까요?

주호 네! 지휘 김동진, 연출 이진순에 많은 대한민국 가수들이(아디나 : 김재
   희, 김옥순. 네모리노 : 한경진, 박인수, 벨코레 ; 변성엽, 박수길, 둘카마라 : 주완순, 김원
   경, 잔네타 : 김혜자, 김송죽) 첫 〈사랑의 묘약〉을 이루어냈습니다. 그중에
   바리톤 벨코레 역에 저의 스승이신 박수길 선생님이 계셔서 저에게
   는 더욱 의미가 있습니다.

〈사랑의 묘약〉 한국 초연, 김옥순(아디나 역), 박수길(벨코레 역) 출연

출처 : 저자 제공

인태 역사입니다! 감사하고 존경합니다! 공연 장소는 혹시 명동예술극장
   아닌가요?

주호 맞습니다! 오페라 〈춘희〉가 첫 공연한 것과 같이 명동예술극장에서
   했다고 합니다.

인태 반주는 피아노였나요? 아니면 오케스트라였나요?

주호 예그린 관현악단에서 2관 편성으로 40여 명 정도로 오페라를 반주
    했습니다.

인태 그때의 열정이 느껴집니다.

주호 한국에서 공연된 지 올해로 57년이 된 〈사랑의 묘약〉입니다.

인태 이제 2막 이야기 나눠보겠습니다

주호 2막은 결혼식장으로 시작됩니다.

인태 벨코레와 아디나의 결혼식인가요?

주호 네! 벨코레는 혼례식에 온 손님들을 맞이하면서 즐겁게 술을 마시
    는 무대로 펼쳐집니다. '노래합시다. 축배를 듭시다. 사랑스러운 신
    부를 위해. 즐겁고 오랜 행복을 위해서'(Cantiamo, facciam brindisi a
    sposi cosi amabili..per lor sian lunghi e stabili I giorni del piacer)라고요.

인태 결혼하면 오페라가 끝나는데. 어찌 되나요?

주호 아직 끝나지 않습니다! 소프라노 아디나와 베이스 둘카마라의 멋
    진 이중창이 나옵니다. 둘카마라는 아디나에게 요즘 유행하는 '뱃
    노래 이중창'(Barcaruola a due voci)이 있다면서 축복 된 결혼식을 위해
    극 중 연극 이중창을 제안합니다. 뱃노래 이중창은 정말 단순하고
    경쾌한 멜로디라서 중독성이 있습니다. 아마도, 여러분도 금방 따
    라 부를 수 있을 겁니다.

인태 여러분과 함께 노래 부를 기회를 갖길 바랍니다. 뱃노래 이중창 뜻
    도 설명해주세요?

주호 간단합니다! '나는 부자고 너는 예뻐요'(Io son ricco e tu sei bella)라면서 늙은 둘카마라는 사랑보다 돈이 중요하니 젊은 아가씨는 나랑 결혼하면 행복해진다고 유혹합니다. 지혜로운 아디나는 당신은 돈은 있으나 너무 늙었으니 싫고 나는 젊은 사람과 결혼할 거라고 하는 내용의 이중창입니다.

인태 참 민망합니다.

주호 오페라 중에 결혼식 하객들을 웃기려고 하는 간단한 연극이니 이해하십시오. 어쨌든 축하 연극이 끝나고 벨코레는 결혼 공증인을 불러와서 결혼을 서두릅니다. 네모리노는 둘카마라를 찾아가서 지금 당장 사랑의 묘약 효과를 보고 싶다고 재촉합니다.

인태 둘카마라가 사기꾼인 줄 아직도 네모리노는 모르고 있군요. 속상합니다.

주호 애달파하는 네모리노를 보고 둘카마라는 돈 벌 기회를 안 놓치고 그에게 묘약을 또 팝니다. 하지만 돈이 없는 네모리노는 돈 구할 방법을 벨코레를 만나 해결합니다.

인태 참…. 돈 구하는 방법을 하필이면 벨코레한테 도움을 요청하는지요…!

주호 여기서 그 유명하고 웃음보가 터지는 이중창 '여자는 정말 모르겠네'(La donna e un animale stravagante davvero!)가 나옵니다. 이 이중창으로 객석은 웃음바다가 됩니다.

인태 얼른 설명해주셔야지요.

주호 아디나가 혼인계약서는 조금 있다가 작성하자고 하니 벨코레는 풀이 죽어서 마을 광장으로 나오는 중에 돈을 구하려고 안절부절못하는 네모리노를 우연히 만납니다.

인태 서로 경쟁자인데 무슨 일이 일어나나요?

주호 무슨 일이 일어나니까 웃음바다가 되지요. 먼저 바보 네모리노는 벨코레한테 돈을 빌립니다.

인태 이번에는 벨코레가 바보 아닌가요?

주호 아닙니다! 돈이 필요한 네모리노를 멀리 보낼 좋은 기회를 상사 벨코레가 가집니다.

인태 왜지요?

주호 벨코레는 네가 군에 입대하면 돈을 준다고 꼬십니다.

인태 안 됩니다! 안 되지요! 그러면 네모리노는 완전히 소프라노 아디나를 떠나게 되는데요. 거참. 어리석네요! 정말!

주호 불안한 상황이지만 여기서 사인하는 장면이나 나중에 네모리노가 좋아서 악수하는 장면에서 연기 연출을 어떻게 하느냐에 따라 웃음바다가 되느냐, 미소로 그치느냐가 결정됩니다.

인태 정말 빨리 가서 보고 싶고 듣고 싶네요! 교수님, 이중창 내용 알고 싶습니다.

주호 네! 네모리노는 약의 효과는 하루이기 때문에 약 기운이 떨어져서 아디나가 벨코레에게 시집간다고 믿는 겁니다. 그래서 빨리 〈사랑의 묘약〉을 더 마시면 아디나가 나를 다시 사랑해줄 것으로 생각하는 겁니다.

인태 정말 단순하네요.

주호 네모리노는 나는 권력이나 명예도 필요 없고 전쟁에 나가서 죽는 것도 두렵지 않다고 합니다. '아! 단 하루만이라도 아디나를 얻을 수 있다면 내가 죽는 날까지'(Ah! chi un giorno ottiene Adina... fin la vita puo lasciare)라고 하면서 아디나에 대한 사랑을 노래합니다.

인태 정말 순진하고 찐한 사랑을 아디나에게 바치네요.

주호 하지만 행운을 얻은 벨코레는 네모리노 너는 군대에 가면 신나는 북소리에 많은 여자가 너를 좋아할 것이고, 권력과 명예를 얻을 수 있다고 꼬시는 이중창입니다.

인태 두 감정이 부딪치면서 도니젯티의 코믹한 오페라 부파가 완성되는군요!

주호 멋집니다! 네모리노의 벨깐토적인 멜로디와 벨코레의 부파적인 선율이 톡톡 튀는 앙상블이 감상 포인트입니다.

인태 음악적 재미! 연기와 연출적 재미! 이래서 웃음바다가 되는군요.

주호 이렇게 이중창이 끝나고 이상한 소문이 돕니다!

인태 뭐지요?

주호 아디나의 친구인 소프라노 잔네타는 네모리노가 백만장자의 상속자라는 소문을 내기 시작합니다.

인태 이건 반전인데요. 정말 상속자입니까?

주호 네! 네모리노의 아저씨가 세상을 떠나면서 유산을 남긴 것입니다. 그런데 아직 확실치 않아서 잔네타는 마을 처녀에게 조심스레 말을 합니다.

인태 이제 뭔가 앞이 보이네요.

주호 이 소문이 온마을에 퍼지니 네모리노가 등장하자 마을 여인들이 난리를 칩니다. 여기에서 작곡가 도니젯티의 사중창 앙상블과 여성 합창이 일품입니다.

인태 설명 부탁드립니다.

주호 네모리노가 술에 취해서 마을에 도착하니, 여자들이 자기에게 다가오면서 관심을 보이는 것을 보고 이제야 다시 마신 사랑의 묘약이 효과가 난다고 생각하면서 행복한 노래를 합니다.

인태 술에 취해서 오해하니 어쩔 수 없네요.

주호 반면에 아디나는 조급해야 할 네모리노가 왜 날 외면하고 저렇게 행복하게 노래하는지 엄청나게 당황하는 겁니다.

인태 하하. 네모리노는 술로 자연스럽게 밀당을 아디나에게 하네요!

주호 사기꾼 둘카마라는 아디나에게 네모리노가 인기 좋은 것은 사실 내가 만든 준 사랑의 묘약 효과라고 자랑합니다.

인태 아니! 사기꾼 둘카마라는 아디나에게도 술을 팔려고 하네요!

주호 아닙니다! 약장수 둘카마라는 아디나에게 그는 당신의 사랑을 얻기 위해 사랑의 묘약를 구매하려고 군대에 입대하기로 했다는 사실을 알려주려는 사중창입니다.

인태 잠깐만요! 교수님 사중창이면 한 사람이 빠졌는데요?

주호 역시 매의 눈입니다! 그 한 사람은 동네 처녀인 잔네타가 이끄는 여성합창단입니다. 그들은 네모리노를 유산 상속자임을 알고 부러워하면서 좋아하는 역할을 노래합니다.

인태 멋진 앙상블이네요. 도니젯티의 천재성을 또 경험합니다.

주호 아디나는 사랑의 묘약의 모든 진실을 약장수 둘카마라에게 듣고 '한없는 사랑인데! 난 정말 무심해!'(Quanto amore! ed io spiedata!)라는 이중창을 부릅니다.

인태 이제야, 아디나가 네모리노의 진심을 알겠네요! 내용 설명과 음악적인 분석도 부탁합니다.

주호 사기꾼 약장수인 둘카마라는 자기가 이졸데의 사랑의 묘약을 네모리노에게 팔았고, 너무 좋아서 더 구매하려고 군입대까지 결심한 그런 묘약이라고 자랑하면서 당신도 백작이나 돈 있는 모든 남자를 가질 수 있으니 내가 만든 사랑의 묘약을 구매하라고 꼬십니다.

인태 장사꾼은 순간을 놓치지 않네요! 아디나는 돈 주고 사랑의 묘약을 구매하나요?

주호 아니오! 네모리노가 사랑의 묘약을 더 구하기 위해 군대까지 간다는 사실을 알아버린 아디나는 '모두를 원치 않아요. 저의 마음은 한 사람만 요구하고 있어요. 돈도 명예도 사랑의 묘약도 관심 없어요.'(Non saprei che far di tutti; il mio core un sol ne chiede. Nemorin, lasciata ogni altra. tutto mio, sol mio sara)라고 하는 확신에 찬 이중창입니다.

인태 음악적인 특이사항이 있나요?

주호 도니젯티는 소프라노의 벨깐토 선율과 베이스 둘카마라의 오페라 부파적인 코믹한 멜로디를 앙상블하면서 새로운 창의적인 음악적 기법을 도입합니다.

인태 저번에 설명하신 네모리노와 벨코레의 이중창도 같은 형태이지요?

주호 맞습니다. 벨깐토의 요소를 포함한 오페라 부파 형태의 재구성인거지요!

인태 정말 공부도 많이 되었고 재미있습니다!

주호 오페라의 하이라이트는 지금부터입니다!

인태 네. 지금까지 너무 재미있게 오페라 본듯한데요.

주호 여러분이 너무나 사랑하고 좋아하는 아리아! 남자가 가장 부르고 싶은 오페라 아리아! 세계인이 뽑은 아름다운 멜로디에 들어가는 아리아! 바로 '남몰래 흐르는 그녀의 눈물'(Una furtiva lagrima negli occhi suoi spunto)입니다.

인태 드디어! 드디어! 나왔군요. 그런데 한국말 제목이 조금 어색합니다.

주호 이 테너 아리아 '남몰래 흐르는 그녀의 눈물'은 큰 오해가 있습니다! 오늘 꼭 풀어드리고 싶습니다. 보통 이 노래가 네모리노가 아디나에게 실연을 당해서 가슴 아프게 부르는 노래라고 생각합니다!

인태　아, 보통 그렇게 생각하지 않나요?

주호　아닙니다! '그녀는 나를 사랑하네'(M'ama, lo vedo)라는 가사에서도 느낄 수 있듯이 아디나가 둘카마라에게 진실을 듣고 네모리노를 사랑하게 되면서 흘리는 감동의 눈물을 네모리노가 보면서 기뻐하고 감동하면서 부르는 노래입니다. 즉, 이제 아디나가 나를 사랑하게 되는구나! 아 신이시여 감사합니다! '아, 정말 이제 죽어도 여한이 없다. 나는 더 이상 원하는 게 없다'(Cielo, si puo morir; di piu non chiedo) 하는 것입니다. 네모리노가 이 모든 것이 사랑의 묘약을 먹어서 그녀가 변했다고 믿고 부르는 아리아입니다.

인태　오늘 저도 모르는 사실을 알게 되었습니다. 감사합니다.

주호　또 '남몰래 흐르는 그녀의 눈물'의 응답 아리아가 있습니다.

인태　또 새로운 사실이네요?

주호　'받으세요, 나를 위해 당신은 자유입니다'(Prendi, per me sei libero) 아디나의 아리아입니다.

인태　저도 아는 노래인데…. 두 곡이 연관이 있나요?

주호　그렇습니다. 네모리노가 부른 '남몰래 흐르는 그녀의 눈물'의 결과가 소프라노 아리아 '받으세요, 나를 위해 당신은 자유입니다'입니다!

인태　자세히 설명해주세요.

주호　네모리노의 '남몰래 흐르는 그녀의 눈물' 아리아가 끝이 나고 아디나는 네모리노가 자기를 사랑하기 위해 군대까지 간다는 사실을 알고 아디나는 벨코레한테 가서 군입대 영장을 다시 취소하고 네모리노에게 취소허가증을 주는 아리아입니다.

인태 '남몰래 흐르는 그녀의 눈물'의 오해가 많았네요. 교수님 감사합니다. 그러면 재미있는 뒷이야기도 있겠네요?

주호 있습니다! '남몰래 흐르는 그녀의 눈물'이 노래하면 생각나는 사람이 있습니다. 누구지요?

인태 글쎄요?

주호 바로 세계적인 테너 루치아노 파바로티입니다.

인태 맞네요! 이 시대의 최고의 테너이고 네모리노의 대가이지요.

주호 파바로티가 1988년에 베를린에서 〈사랑의 묘약〉 네모리노 역을 공연했는데, 글쎄 165번의 커튼콜 박수를 1시간 7분 동안 받았다고 합니다. 또한, 이 기록은 기네스북에 등재되었다고 합니다.

인태 대단하네요. 저도 박수를 보냅니다.

인태 근데 '남몰래 흐르는 그녀의 눈물'이 노래가 참 어렵지 않나요?

주호 네. 잘 아시겠지만 부르기 정말 어렵습니다. 특히 마지막 카덴자 (Cadenza)가 너무너무 어려워요!

인태 제가 압니다! 정말 어려워요. 여기서 카덴자가 무엇인지 설명 부탁드립니다.

주호 그것은 노래 끝나기 전 마지막에 무반주로 화려한 장식음으로 감정을 표현하는 방법입니다.

인태 말씀대로 〈사랑의 묘약〉 마지막을 잘하는 테너는 찾기 참 힘드는 것 같아요.

주호 맞습니다! 이 노래는 '라' 고음에서 음 이탈을 잘하고요. 카덴자에서 마지막 음과 후주의 화음이 틀려서 박수를 못 받는 일이 흔하게 일어나는 노래입니다.

인태 맞습니다. 저도 노래해봤지만 노래 끝날 즈음에 긴장되어 마지막 음정이 반주 화음에 잘 맞는지 조마조마합니다.

주호 자연스러운 벨깐토 발성으로 부르지 않으면 소화하기 힘든 아리아입니다.

인태 그다음 소프라노 아리아 '받으세요, 나를 위해 당신은 자유입니다'를 소개 부탁드립니다.

주호 간단히 말씀드리면 아디나가 군대 영장를 취소한 증명서를 네모리노에게 주는 마지막 아리아입니다. 네모리노가 이렇게 말을 합니다. '당신이 날 사랑한다고?'(Tu m'ami?) 그리고 아디나는 '네, 당신을 사랑합니다. 사랑합니다. 사랑합니다'(Si, t'amo, t'amo t'amo)라고 하지요. 네모리노는 '말할 수 없는 기뻐요!'(Oh! gioja inesprimibile!)라고 합니다. 대화로 서로 사랑을 확인하고, 화려하고 경쾌한 이중창으로 오페라의 마지막 클라이맥스로 달려갑니다. 여기서 두 주인공 아디나와 네모리노가 사랑의 포옹을 하면 객석에서 큰 박수 저절로 나오게 되는 아주 행복한 장면이 연출됩니다.

인태 사랑한다고 서로 포옹하면 관객들은 박수가 저절로 나갈 것 같습니다.

주호 두 주인공의 사랑을 축복하듯이 오페라 마지막에 약장수 둘카마라가 코믹한 멜로디에 '이 묘약을 말할 것 같으면 모든 결점을 고치고'(Ei corregge ogni difetto ogni vizio di natura)를 부르면서 사랑의 묘약에 감사하고 행복을 기원하면서 오페라는 막을 내립니다.

인태 도니젯티가 술로 인한 유쾌한 오페라를 작곡해서 저희의 마음을 따뜻하게 하는군요. 교수님 오늘도 감사합니다!

주호 한 사람의 순수함은 모든 것을 극복하고 이긴다는 메시지가 있는 오페라입니다!

Opera 09 | 람메르무어의 루치아
(Lucia di Lammermoor)

〈람메르무어의 루치아〉 한눈에 보기

1. 광란의 아리아는 악기 플루트와 소프라노의 이중창이 있습니다.
2. 실화를 바탕으로 오페라를 작곡했습니다.
3. 정략결혼의 병폐를 지적하는 도니젯티의 작품입니다.
4. 벨깐토 발성에 입각한 성악적기법을 도입했습니다.
5. 루치아는 편지, 오텔로는 손수건, 토스카는 부채로 파멸에 이르렀습니다.

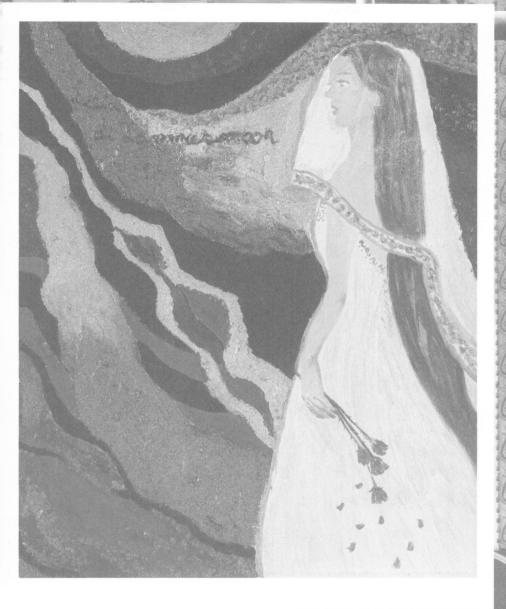

작가 : 이윤이, 제목 : 람메르무어의 루치아

천재 작곡가 도니젯티가
선율에 담은 정략결혼의 비극

인태 한국 최고의 바리톤 우주호 교수님과 즐거운 오페라 여행을 가겠
    습니다. 교수님 어서 오세요.

주호 네. 반갑습니다. 오늘이 무슨 날인지 혹시 아세요? 저에게 조금 의
    미 있는 날입니다.

인태 오늘이요?

주호 제가 인태 선생님의 영원한 음악 파트너 유슬기 선생님과 어떤 오
    페라 작품으로 만난 지 11년 되는 날이에요!

인태 슬기 씨가 들으면 좀 소름 끼칠 거 같은데요? 여자친구도 아니고
    11년을 기억하고 있으니까요. 하하.

주호 오해하시면 안 되고요. 오늘 제가 소개할 오페라와 연관이 있습니
    다.

인태 그러셨군요! 무슨 오페라지요?

주호 〈람메르무어의 루치아〉(Lucia di Lammermoor)입니다. 제가 11년 전에

슬기 선생님과 같이 국립오페라단에서 〈람메르무어의 루치아〉를
공연했습니다. 그 당시 메트로폴리탄오페라단에서 선택한 소프라
노 신영옥 선생님과 이탈리아 최고의 연출가 마리오 꼬라디와 엄청
난 프로덕션을 초대해서 예술의전당 오페라하우스에서 공연했고,
당시 최고의 화제작이었습니다.

인태 신영옥 선생님과 오페라를 하셨군요. 늦었지만 축하드립니다.

주호 오페라를 떠나서 지금까지 슬기 선생님과 우정을 쌓았고, 오늘 이
시간까지 오페라 이야기를 한다는 것이 정말 감사합니다.

인태 두 분의 우정 부럽고, 축하드립니다!

국립오페라단 예술의전당 〈람메르무어의 루치아〉 우주호 출연(엔리코 역)

출처 : 저자 제공

인태 이제 오페라 속으로 들어가보지요. 원작이 분명히 있겠지요?

주호 그럼요. 스코틀랜드 작가 월터 스콧(Walter Scott)의 소설 《래머무어의 신부》가 원작입니다. 여기 신부의 뜻은 종교적인 신부님이 아니고 신랑, 신부의 신부입니다. 그리고 오페라 〈람메르무어의 루치아〉는 실화를 바탕으로 작곡되었습니다.

인태 실화바탕이니 더 충격적이겠네요!

주호 맞습니다. 그리고 오페라 이야기랑 원작 소설의 내용은 똑같습니다. 그런데 관점이 조금 다릅니다. 소설의 내용은 한 여자가 사랑하지 않는 남자와 결혼을 억지로 하면서 첫날밤에 신랑을 죽이는 살인사건의 소설입니다. 한편 오페라 〈람메르무어의 루치아〉는 몰락한 가문을 위해 사랑하는 사람을 두고 팔려가서 첫날밤의 치욕을 참지 못하고 신랑을 살해하는 이야기입니다.

인태 비슷하군요. 첫날밤의 살인사건은 동일하네요.

주호 오페라 배경은 스코틀랜드인데요, 정확한 시대는 1707년입니다. 그 당시는 잉글랜드와 스코틀랜드가 통합되기 전이라서 변화무쌍한 사회 변화가 많은 시기입니다. 그래서 이 오페라는 단순한 청춘의 비련한 사랑의 이야기가 아니고 몰락한 가문과 신흥부자 권력 간의 계약적 관계에서 빚어지는 가슴 아픈 정략결혼의 살인사건 이야기입니다.

인태 정략결혼은 정말 불행한 제도입니다. 도니젯티의 오페라 〈람메르무어의 루치아〉는 총 몇 막으로 이루어져 있습니까?

주호 3막으로 구성되어 있습니다.

인태 이제 본격적으로 1막 만나보려고 합니다. 1막의 주요 캐릭터 그리고 줄거리를 좀 듣고 싶어요.

주호 네. 일단 출연자부터 제가 설명을 할게요. 어떤 짓이라도 가문을 위해서 나쁜 역할을 하는 바리톤입니다. 바로 루치아의 오빠인 엔리코입니다. 그리고 테너 주인공인 불운의 사나이 에드가르도입니다. 몰락한 가문에서 태어나서 사랑을 위해 죽음을 내줄 수 있는 순수한 청년 역할입니다.

인태 자세히 보면 두 사람은 몰락한 가문에서 태어나서 자신의 가문을 되살리기 위해 애를 쓰는 역할이네요.

주호 맞습니다.

인태 그리고 남자역은 또 없나요?

주호 있습니다. 주연은 아니지만, 조연 테너인 노르마노 역이 있는데 정말 모사꾼이고 나쁜 놈입니다. 루치아의 오빠 엔리코를 부추겨서 신흥부자 아르투로 가문에 동생 루치아를 팔아 가문을 다시 일으켜야 한다고 방법을 제시하는 책사 역할입니다.

인태 한마디로 몰락한 가문 핑계로 두 사람이 계략을 짜서 루치아를 신흥부자 테너 아르투로에게 팔아넘기는 오페라네요.

주호 아르투로는 그 당시 신흥 재벌로 권력 있는 가문의 영향력을 얻기 위해 루치아와 결혼을 결심하고 첫날밤에 루치아의 칼에 죽는 불운의 남자역입니다. 그다음으로 소개하고 싶은 역할은 베이스 파트인데 루치아의 멘토인 선한 신부님 라이몬도입니다.

인태 이 베이스 역할이 아주 힘들다고 하는데 왜 그런 거지요?

주호 소리의 강함과 부드러움 그리고 베이스로서 극고음을 구사할 수 있는 베이스라야 이 역할을 잘 소화할 수 있기 때문에 베이스들이 어려워하는 역할입니다.

인태 그럼 정리해보겠습니다. 오페라의 주인공은?

주호 소프라노 루치아, 라벤스우드 가문의 테너 에드가르도, 루치아의 오빠이자 아스톤의 귀족인 바리톤 엔리코, 루치아의 멘토이고 신부님인 베이스 라이몬도. 모사꾼이면서 라벤스우드의 군인 대장인 테너 노르만노, 테너인 신흥부자 아르투로, 루치아의 하녀인 메쪼소프라노 알리사 이렇게 7명으로 도니젯티의 대작 〈람메르무어의 루치아〉를 노래합니다!

인태 7인의 오페라 멜로드라마입니다.

인태 오페라 초연에 대해 알려주세요.

주호 이탈리아 나폴리에 있는 산카를로극장에서 1835년에 했습니다.

인태 그럼 오페라 첫 장면과 스토리를 부탁드립니다.

주호 오페라의 첫 장면은 당연히 서곡입니다. 그런데 이 오페라의 서곡은 좀 특이합니다. 1막 오페라가 들어가기 전에 이 오페라가 왜 불행으로 끝나는지를 설명하는 극이 있는 서곡의 양식으로 작곡되었습니다.

인태 신기하네요! 서곡은 오케스트라로만 하는 거 아닌가요? 다른 특징
이라도 있나요?

주호 맞습니다. '앗또 우니꼬'(Atto unico)라고 명명하면서 오페라의 이야기
를 도우려고 작곡가 도니젯티가 의도적으로 합창를 넣어서 서곡을
작곡한 것입니다.

인태 합창이 있는 서곡 내용은 무엇인가요?

주호 엔리코의 부하들이 망한 가문의 진실을 밝히기 위해 모여서 결의를
다지는 내용입니다.

인태 망한 가문의 이야기를 미리 느낄 수 있는 합창이 있는 서곡이었네
요.

주호 오페라의 첫 장면은 16세기 말엽 스코틀랜드 라벤스우드 람메르무
어의 근처에서 엔리코와 노르만노가 사냥을 다녀와서 심각한 대화
를 하는 장면입니다.

인태 무슨 대화인가요?

주호 노르만노가 이야고처럼 엔리코에게 '당신은 혼돈이 되나요?'(Tu sei
turbato?) 라고 말을 건넵니다.

인태 생각을 떠보는 거네요?

주호 맞아요. 엔리코는 라이몬도 신부님이 반대하는데도 불구하고 정략
결혼을 통해 가문을 일으키려고 하는데, 동생 루치아는 날 돕지 않
는다고 투덜댑니다.

인태 신부님이 반대하는 이유가 있나요?

주호 어머님을 잃어 아직 상심이 큰 루치아는 결혼을 계획하는 것이 무리라고 생각하기 때문입니다.

인태 그렇지요! 아니 어머님을 잃어 슬퍼하는 가운데 있는 루치아에게 오빠 엔리코가 정략결혼을 추진하는 게 이해가 안 되네요.

주호 노르만노가 부추겨서 그렇지요! 그는 루치아가 어머니가 그리워 무덤에 갔다가 들소가 그녀에게 덮치는 사고를 당했는데 우연히 가문의 원수인 에드가르도가 루치아를 구해준 계기로 서로 사랑에 빠져있기 때문에 아스톤 가문을 위한 결혼을 안 하는 것이라고 엔리코에게 고자질합니다.

인태 오빠 엔리코는 흥분하고 화가 많이 났겠네요

주호 여기서 바리톤 엔리코가 흥분해서 부르는 바리톤 아리아 '잔인하고 비통한 이 괴로움이여'(Cruda … funesta smania)가 있습니다.

인태 간단히 곡 해석 부탁드립니다. 간단히요!

주호 가문의 원수를 사랑하는 철없는 누이동생 루치아를 원망하는 노래입니다. 마지막 가사에 이런 누이동생에 대한 감정을 드러냅니다. '너에게 벼락이 친다 해도·고통스럽지 않을 것이다!'(Se ti colpisse un fulmine Fora men rio dolor!)라고 합니다. 루치아가 에드가르도를 사랑하는 것에 대해 강력한 불만을 나타내는 노래입니다.

인태 노르만노의 고자질이 통했네요.

주호 또 다른 이유가 있습니다. 노르만노도 사실 루치아를 좋아하고 있었습니다. 내가 못 가지면 절대로 주인공 테너 에드가르도 가질 수 없다는 마음인 거지요.

인태 노르만노, 이 사람 나쁜 사람이네요. 그리고 모사꾼이네요.

인태 교수님, 오페라 이야기 계속 부탁드립니다.

주호 오빠 엔리코의 눈을 피해서 루치아와 에드가르도가 예로부터 무서운 이야기가 전해오는 라벤스우드에서 만남을 약속합니다. 그 약속한 장소는 어떤 라벤스우드 가문의 남자가 질투심에 불타서 그의 애인을 칼로 찌르고 그녀를 연못에 던진 무서운 장소입니다. 이곳에서 둘은 만나기로 한 것입니다.

인태 둘의 밀애 장소를 위해선 아무도 상상 못 할 장소를 찾아야 하니 그런 섬찟한 곳을 찾는군요!

주호 루치아는 먼저 도착해서 연못에서 전해오는 살인 이야기의 환상을 보게 되는 이야기를 노래로 전달합니다. 거의 10분 동안 펼쳐지는 부르기 힘든, 정말 멋진 아리아 '칠흑 같은 고요한 어둠이여'(Regnava nel silenzio alta la notte e bruna)를 부릅니다.

인태 이 곡은 소프라노가 부르기 힘든 5대 곡 중에 들어가는 거지요?

주호 네! 전주 부분이 아름다우나 연약함을 표현하는 하프의 소리가 연주되는 특징도 갖고 있는 정말 힘든 곡으로 이 곡을 소화할 수 있는 소프라노가 몇 명 안 된다는 사실입니다.

인태 어떤 뜻을 가지고 있나요?

주호 일단 환상입니다! 사랑에 빠진 루치아는 힘없는 손에 이끌리어 따라갔지만, 그 손길은 사라지고 유령이 나타나서 그곳 맑은 물이 핏물이 되는 것을 보고 그 두려운 마음을 하녀 알리사에게 호소하는 노래입니다.

인태 허상의 유령을 보고 공포심을 갖는 노래네요.

주호 전반부는 극도의 레가토 표현으로 살인사건이 일어났던 약속장소의 두려움과 루치아의 무서운 환상을 표현합니다. 중반부는 에드가르도를 사랑하는 노래로 빠른 템포와 레치타티보의 '그는 나의 삶에 빛이다'(Egli e luce a gioni miei)를 노래합니다. 후반부는 아주 작은 소리로 소프라노 최고의 테크닉을 표현하는 '그의 곁에 있으면 하늘이 열리는 것처럼 느껴진다!'(Si schiuda il ciel per me!) 노래를 하면서 극고음 '레' 음정을 냅니다. 에드가르도를 사랑한다는 다짐을 하면서 아리아는 끝이 납니다.

인태 역시 복잡한 내면의 마음을 표현할 때에는 여지없이 어려운 벨깐토 테크닉으로 작곡되어 어려운 곡이 되네요.

주호 네. 맞습니다.

주호 이 소프라노 루치아의 아리아가 끝나고 바로 테너 에드가르도와 사랑의 맹세 이중창이 진행됩니다.

인태 이 곡도 정말 힘들지요? 너무 아름답지만 정말 부르기 힘든 이중창인 것 같습니다.

주호 작곡가 도니젯티의 〈람메르무어의 루치아〉는 이탈리아 벨깐토 창법을 토대로 작곡된 오페라입니다. 창법을 깨닫지 못한 성악가가 부르면 정말 힘든 곡으로 만들어져 있습니다.

인태 이중창이 엄청 길잖아요. 간단하게 설명 부탁드립니다.

주호 에드가르도는 스코틀랜드를 위해 프랑스로 가기 전에 루치아와 결혼을 하려고 루치아의 오빠 엔리코에게 원수 관계를 회복할 것을 요청하겠다고 말합니다. 그러나 루치아는 지금은 때가 아니고 당분간 우리끼리 사랑을 하자고 합니다.

인태 루치아는 오빠 엔리코의 분노를 알고 있으니 겁이 나는 거지요.

주호 에드가르도는 이중창 '배반당하고 돌아가신 아버지의 무덤 앞에서'(Sulla tomba che rinserra il tradito genitore)를 노래하면서 아버지를 위해 복수를 해야 하지만, 루치아 때문에 가문의 복수를 포기했고 당신을 선택해 영원한 사랑으로 아내가 되어 달라고 합니다. '잊지 마시오! 하늘이시여 우리의 서약을'(Rammentati! Ne stringe il ciel!)이라며 약속하는 이중창으로 서막을 엽니다.

인태 이제 정말 1막이 기대됩니다.

배반, 오해 그리고 죽음,
슬프고 아름다운 오페라

인태 '오페라'라는 아름다운 세 글자와 가장 친한 바리톤 우주호 교수님
   나오셨습니다.

주호 반갑습니다.

인태 교수님. 바로 오페라 이야기 시작해보겠습니다. 지난 시간에 도니
   젯티 오페라 〈람메르무어의 루치아〉 1막 전에 서막 이야기까지 나
   눠봤는데요. 오늘은 1막과 2막 이야기해 보려고 합니다. 〈람메르무
   어의 루치아〉의 원작이 소설 《래머무어의 신부》라는 걸 알게 되었
   습니다.

주호 그렇습니다.

인태 도니젯티는 소설을 어떻게 알고 오페라로 만들게 된 걸까요?

주호 원작 소설이 실화를 바탕으로 만들어졌다고 말씀드렸습니다.

인태 그렇지요.

주호 원작 소설은 작가가 실제로 일어난 살인사건을 신문으로 우연히

보고, 스코틀랜드로 가서 40여 년 만에 썼다고 합니다.

인태 정말 비극적인 실화를 소설로 하려고 다시 펜을 들었군요.

주호 당시 사회에서 화제가 된 사건이라 소설이 대박이 납니다. 이걸 놓치지 않고 작곡가 도니젯티가 바로 오페라를 작곡했다고 합니다.

인태 당시 최고의 충격적 사건임을 짐작할 수 있네요.

주호 도니젯티는 그 당시 가장 유명했던 대본가 살바토레 캄마라노 (Salvatore Cammarano)에게 찾아가서 오페라 대본을 부탁했고 짧은 시간에 대작 〈람메르무어의 루치아〉가 완성되었다고 합니다.

인태 오페라 대본이 완성되었으니 작곡을 단숨에 하기로 유명하신 도니젯티는 금방 대작을 완성했겠네요.

주호 네.

인태 교수님, 이제 1막을 시작해주세요.

주호 오빠인 엔리코가 있는 아스톤 가문의 거실이 나옵니다. 엔리코는 깊은 수심에 빠져있는 장면입니다. 나쁜 모사꾼 테너 노르만노도 같이 있습니다.

인태 둘이서 무슨 계략을 꾸민 게 아닌가요?

주호 대단하십니다. 맞습니다! 에드가르도가 프랑스로 가서 쓴 편지를 가로채고 내용을 수정해 루치아에게 에드가르도가 다른 여자가 생겼다는 거짓말로 계략을 꾸밉니다.

인태 정말 막장 드라마 1단계 시작이네요!

주호 '가까이 와라, 루치아야'(Appressati, Lucia)라는 오빠 엔리코와 동생 루치아의 이중창이 시작됩니다.

인태 선생님께서 노래하시는 차례인가요?

주호 제가 바리톤이니 노래할 차례 맞습니다. 긴 이중창이고 가사의 전달과 극적 표현을 잘못하면 정말 지루한 이중창이라서 정말 공부가 많이 되어 있어야 가능한 이중창입니다.

인태 당연히 교수님께서는 잘하셨지요?

주호 박수는 많이 받은 것 같습니다. 사실 제가 로마에서 유학 시절 때에 저의 스승이신 발터 카탈디 타소니 선생님께 가사와 극적 진행이 부족하다면서 한 마디 한 마디를 수십 번 반복하면서 레슨을 받은 기억이 있습니다.

인태 제가 교수님의 이중창은 못 봤지만, 엄청나게 잘하셨을 것 같습니다.

주호 슬기 선생님은 봤을 텐데…. 물어보시면 되겠지요.

인태 꼭 물어보겠습니다. 이중창의 가사의 뜻이 무엇인지 궁금합니다. 여기서도 간단히 설명 가능할까요?

주호 제가 여러 번 오페라를 했으니깐 간단하게 설명하겠습니다. 오빠 엔리코가 동생 루치아를 한 통의 거짓 편지로 에드가르도와 헤어지게 하고 "나와 우리의 가문을 위해 아르투로에게 시집을 가라"라고 협박에 가까운 설득을 하는 장면입니다.

인태 1막 처음 전주 부분부터 이중창 끝날 때까지 약 14분 40초의 음악을 단 몇 줄로 설명하신 교수님 감사하고 존경합니다. 혹시 더 간단히도 가능한가요?

주호 욕망에 찬 오빠가 동생 루치아에게 요구하는 정략결혼입니다

인태 와, 좋습니다. 음, 딱 한마디로는요?

주호 협박과 정략결혼!

인태 여러분! 오페라 고수 우주호 교수님의 능력을 보셨지요? 오페라를 직접 하시지 않고는 할 수 없는 오페라 해설을 하십니다. 거짓과 협박의 이중창을 꼭 들어보시길 바랍니다.

주호 간단히 말씀드렸지만, 이중창을 자세히 설명해 올리겠습니다.

인태 감사합니다.

주호 루치아는 슬픔에 잠겨 '공포스럽고 불길한 나의 창백함이여'(Il pallor funesto orrendo), 노래로 시작합니다. 이 음악을 들으면 얼마나 에드가르도를 버리고 오빠 엔리코가 정혼자로 정한 아르투로와 결혼하는 것이 얼마나 고통스러운지 짐작할 수 있습니다. 그 반대로 오빠 엔리코는 '나는 이럴 수밖에 없다'(Aragione mi fe' spietato)를 노래하면서 완강하게 루치아를 협박합니다.

인태 사랑과 결혼은 협박으로 안 되는데 걱정이 됩니다.

주호 엔리코의 협박에도 루치아의 마음이 변하지 않자 엔리코는 '이 편지가 모든 것을 말해준다'(Questo foglio appien ti dice) 하며 편지를 내밉니다.

인태 책사 노르만노가 꾸민 가짜 편지네요!

주호 루치아는 '불행한 내 신세여. 아…! 하늘이 무너진 것 같도다'(Me infelice! Ah! la folgore piombo!)를 부르면서 눈물을 흘립니다. 엔리코는 멀리서 다가오는 결혼식 나팔소리를 루치아에게 강제로 듣게 하면서 네가 만약에 나를 배신한다면 절대 용서하지 않겠다고 협박합니다. 그러나 동생 루치아는 '나의 생명을 거두어 주세요'(Ah! mi togli, eterno iddio)로 오빠에게 애원하면서 정략결혼을 할 수 없다고 거부합니다. 15분 분량의 거짓과 협박의 이중창은 이렇게 끝이 납니다.

인태 바리톤들이 주로 나쁜 역할을 많이 하시는 것 같아요?

주호 면목이 없습니다. 소리가 강하고 캐릭터의 성격도 강해서 극본상 문제를 일으키는 역을 담당하는 것 같습니다. 그런데 같은 저음 파트이지만 베이스 라이몬도와 소프라노 루치아의 이중창은 확연히 다릅니다.

인태 베이스와 소프라노의 이중창도 있나요?

주호 베이스 라이몬도 신부님은 '아! 단념하거라 안 그러면 더 사악 한 일이'(Ah! cedi,cedi o piu sciagure)를 노래하고 슬픔에 젖어 있는 루치아를 찾아가서 어머니를 생각해서라도 오빠를 이해하고 결혼을 하라고 진심 어린 충고를 합니다. 이에 어쩔 수 없이 루치아는 '아! 그만 하세요. 아! 당신이 이겼어요'(Ah! taci...Ah! vincesti...)라고 말하면서 어쩔 수 없이 결혼을 받아들이는 이중창 장면입니다.

인태 라이몬도 신부님은 더 이상 불행을 지켜볼 수 없어서 루치아를 위로하면서 설득했군요.

인태 이제 결혼서약식인가요?

주호 네. 맞습니다. 루치아는 라이몬도 신부님의 위로와 설득으로 결혼서약식에 나옵니다!

인태 한 명의 편도 없는 루치아는 어디로 가야 하나요! 의지할 때 없는 루치아가 너무 불쌍합니다. 자! 이제 그 망할 결혼서약식인가요? 그런데! 에드가르도는 어디 있는 겁니까?

주호 주인공인데 나타나야지요! 멀리 프랑스에서 결혼서약 소식을 듣고 루치아를 구하기 위해 결혼서약식에 도착합니다. 여기서 사중창과 육중창은 정말 도니젯티의 멋진 앙상블을 들을 수 있습니다.

인태 그럼 그렇지. 정말 다행이네요. 설명 부탁드립니다.

주호 엔리코는 신랑 신흥부자 테너 아르투로와 함께 결혼서약식에 많은 친척 하객들을 초대합니다. 그리고 축복 속에서 오빠 엔리코는 결혼 서명을 서두르려고 할 때 주인공인 에드가르도가 칼을 들고 나타나 결혼서약을 멈추게 하면서 노래를 합니다.

인태 무슨 노래인가요?

주호 말씀드렸지만 혼자 부르는 것은 아닙니다. 테너 아르투로와 바리톤 엔리코의 '이 순간을 누가 막을 수 있으랴?'(Chi mi frena in tal momento?)를 선창으로 총 6명의 출연진과 대합창단이 나와서 본인의 입장을 표현하는 웅장한 앙상블의 장면이 연출됩니다.

인태 도니젯티의 벨깐토적 기법이 각 파트마다 아름다운 멜로디로 노래
하겠네요.

주호 정말 각 파트가 귀에 속속 들어오는 대합창의 장면입니다. 나쁜 놈
테너 노르만노가 없는 대합창입니다.

인태 다행이네요! 1막이 이렇게 끝나는 거지요?

주호 아닙니다. 대합창이 끝난 후에 에드가르도와 엔리코는 결투상황으
로 치닫습니다!

인태 상황이 심각해지는군요. 어쨌든 빨리 에드가르도는 루치아를 구했
으면 합니다!

주호 엔리코는 라이몬도 신부님을 움직여 에드가르도에게 '루치아는 너
같은 놈을 사랑하지 않고 재력가 아르투로를 사랑해서 결혼서약의
서명했음'을 보여줍니다. 혼인계약서를 본 에드가르도는 배반한 루
치아에게 '당신은 하늘에 두고 맹세한 우리의 사랑을 배반했소!'(Hai
tradito il cielo, e amor!)라고 하면서 복수를 결심하고 결혼서약식장을
떠납니다.

인태 정말 한 장의 거짓 편지가 모든 불행을 낳았네요.

주호 이렇게 오빠 엔리코와 책사 노르만노의 계략이 성공해서 루치아는
재력가 아르투로의 신부가 됩니다. 이렇게 1막이 끝이 납니다.

인태 교수님, 이제 2막이 야기가 너무 궁금합니다.

주호 2막의 시작은 폭풍우가 치는 늑대바위탑에서 두 원수가 만납니다.

인태 테너 에드가르도와 바리톤 엔리코인가요?

주호 네. 그들은 폭풍우 속에서 만나지만 서로의 의견만 주장만 하고 화해도 못한 채 더욱 원수가 되어 헤어집니다.

인태 더 용서할 수 없는 상황이 되었네요.

주호 원수끼리 분노의 이중창을 하는데, 테너 에드가르도는 '여기 복수를 바라는 내 아버지가 분노에 떨고 있다!'(Qui del padre ancor respira L'ombra inulta... e par che frema!)라고 엔리코에게 결투를 신청합니다. 엔리코는 '루치아는 결혼제단에 이끌리어 그녀의 신부방으로 갔다'(Fu condotta la sacro rito Quindi al talamo Lucia)로 응답하면서 결투를 받아들입니다.

인태 그들의 명예를 지키기 위해 결투를 하는군요!

주호 내일 새벽 해가 뜰 때, '라벤스우드의 차가운 묘지 사이에서'(Fra l'urne gelide dei Ravenswood)에서 결투하기로 합니다. 엔리코와 에드가르도는 박진감 있는 결투의 이중창 '태양이여 빨리 떠올라라'(Sole piu ratto a sorger t'appresta)를 부릅니다.

인태 다음 날 누구 한 명 죽겠네요.

주호 새벽에 결투를 앞둔 엔리코는 결혼식을 성대히 치르려고 라벤스우드성 연회장으로 갑니다.

인태 루치아의 결혼식장이군요.

주호 모두 손님들은 루치아의 결혼을 축하하기 위해서 '한없는 기쁨의 결혼식에 환호를 높이세' 부르면서 대합창을 합니다.

인태 행복한 결혼이 되길 바라지만 답답합니다.

주호 그런데 갑자기 라이몬도 신부님께서 '그만두시오. 흥겨운 잔치
     를 그만두시오'(Cessi, ah cessi quel contento)를 외치면서 황급히 들어
     옵니다. 그리고 라이몬도의 아리아 '루치아와 신랑이 들어간 방에
     서'(Dalle stanze ove Lucia Tratta avea col suo consorte)를 부릅니다. 이 곡
     은 베이스 최고의 노래로 꼽힙니다.
인태 라이몬도 아리아 곡 해석 좀 부탁합니다!
주호 신혼방을 설명하는 노래인데 루치아가 새신랑 아르투로를 죽이고
     지금 정신이 나가서 미친 여인이 된 상태라는 뜻을 담고 있어요.
인태 사건이 터지고야 말았군요!

주호 루치아는 피 묻은 칼을 들고 파티 중인 손님들 사이로 나와서 그
     유명한 '광란의 아리아'(Scena della pazza)를 부릅니다.
인태 이 아리아는 정말 소프라노들이 함부로 도전할 수 없는 곡이지요?
     이 곡 잘 부르면 성악 콩쿠르 1등 아닌가요?
주호 난이도가 최고 등급이라서 잘 부르면 아마도 심사위원에게 박수를
     받을 정도입니다.
인태 음악적인 특이사항은 없나요?
주호 이 곡은 독창곡이 아니고 중창곡으로 표현되고 있어요.
인태 이중창이라고요?

주호 네. 그런데 우리가 아는 이중창이 아니고 소프라노 여성의 소리와 플루트의 소리로 앙상블을 하는 것입니다

인태 정말 도니젯티의 천재성은 대단하네요. 성악과 플루트의 이중창으로 루치아의 광기를 표현하게 되는군요. 너무 궁금합니다. 교수님, '광란의 아리아' 해석을 간단히 들을 수 있나요?

주호 '감미로운 그의 목소리가 들려오네요! 그의 목소리인가'(Il dolce suono I colpi di sua voce! Ah! quella voce). 아르투로를 살인한 충격으로 에드가르도와 상상의 결혼을 생각하면서 헛소리로 부르는 노래입니다. 그리고 우리가 약속했던 장소인 그 연못가를 생각하면서 '유령이 당신과 나를 갈라놓으려고 해요! 아! 아! 에드가르도! 에드가르도!'(Fatasma e ne separa! Ohime! Ohime! Edgardo! Edgardo! Ah!), 이런 죄책감에 빠집니다. 또한, 에드가르도를 배반한 미안함에 '드디어 저는 당신의 것이고, 당신은 나의 것입니다! 하나님이 당신을 나에게 허락했어요'(Alfin son tua, alfin sei mio! a me ti dona un Dio) 하고 눈물을 흘립니다. 착한 루치아가 서서히 죽어가면서 마지막 E플랫(극고음 미플랫)을 부르는 절정의 아리아입니다.

인태 루치아는 신혼방의 충격과 에드가르도를 배반했지만, 그리움과 사랑으로 용서를 구하는 가슴 아픈 노래이네요.

주호 이 현장을 본 욕심 많은 엔리코는 죽어가는 동생을 보고서야 후회를 하지만, 이미 때는 늦은 거지요.

인태 결국은 오빠의 욕심이 동생을 죽였네요!

주호 가여운 루치아는 마지막 말을 남기고 합창단과 '아! 나는 당신 가까이, 당신 곁에서 죽고 싶어요'(Ah! ch'io spiri accanto a te. appresso a te) 마지막 극고음 E플랫을 부르면서 생을 마감합니다.

인태 나쁜 놈 노르만노의 계략인 그런 바보 같은 정략결혼만 추진 않았어도 이런 불행은 없었는데! 이해가 안 됩니다!

주호 테너 에드가르도는 라벤스우드 묘지에서 조상님들과 이별을 고하는 멋진 테너 아리아를 부릅니다.

인태 왜 갑자기 죽은 조상들과 이별의 노래를 하지요?

주호 내일 새벽이면 엔리코와 결투를 해야 하므로 먼저 조상의 무덤에서 가문의 명예를 위해 결투를 한다고 노래를 하는 것입니다.

인태 아! 맞습니다. 결투를 약속했지요! 죽을지 살지 모르니 조상 앞에 미리 유언하는 아리아네요! 그런데 이 노래도 정말 어렵지 않나요? 저도 이 곡에 대해서도 조금 알고 있습니다.

주호 말씀드렸지만 도니젯티의 곡은 철저하게 이탈리아 창법인 벨칸토적 요소를 바탕으로 작곡되어서 정말 부르기 힘든 곡들이 너무 많습니다. 많은 성악가가 이 곡들을 부르기 위해 평생을 바치는 경우가 허다합니다.

인태 사실 노력해도 못 부르는 경우가 있잖아요!

주호 네. 엄청난 깨달음이 필요한 벨칸토 창법입니다!

인태 결투 전 유언의 아리아 '내 조상들의 무덤이여'(Tombe degli avi miei)

간단한 해석 부탁드립니다.

주호 음…. 심각한 분위기인데…. 무덤! 조상! 결투! 이런 말들이 있는 순간에 드릴 말씀은 아닌데…. 명쾌한 저만의 방식인 해석을 드려도 되나요?

인태 당연하지요! 이런 오페라 해석이 교수님 스타일이지요!

주호 말씀드릴게요. 최고의 벨칸토 창법으로 만들어진 이 곡을 한마디로 말씀드리면 '찌질하고 바보 같은 오해의 아리아'입니다.

인태 아, 너무 돌직구적인 표현인데요.

주호 에드가르도는 루치아를 빼앗기고 분노의 결투전을 준비합니다. 그리고 루치아를 원망하면서 '너는 웃으며 행복하게 신랑 곁에 있겠구나'(Tu ridi , esulti accanto Al felice consorte)라고 노래를 합니다.

인태 아! 에드가르도가 진짜 찌질하네요.

주호 오해에서 오는 찌질함이지요. 사실 엔리코와 노르마노 이놈들이 나쁜 놈이지요!

인태 에드가르도도 희생자이지요!

주호 배반당했다고 믿고 있는 불쌍한 에드가르도는 마지막으로 루치아에게 '무정한 여인이여! 당신을 위해 죽은 나만을 기억해주세요'(Oh, barbara! rispetta almeno le ceneri di chi moria per te)를 남기고 결투와 죽음을 결심하는 아리아는 끝이 납니다.

인태 참! 총체적 비극이고, 정말 비극의 막장 드라마네요!

주호 맞습니다. 비극은 지금부터 일어납니다. 에드가르도는 너무 슬퍼하는 루치아의 죽음의 행렬을 보고 누구의 죽음인지 묻습니다.

인태 루치아의 장례행렬인 줄 모르고 물었군요!

주호 에드가르도는 루치아의 강제 정략결혼 소식을 듣고 라벤스우드 묘지에서 후회의 눈물을 흘리면서 '날개를 펴고 하나님 앞에 간 사랑스럽고 아름다운 영혼이여'(Tu che a dio spiegati l'ali. O bell'alma innamorata)를 부릅니다. 루치아를 지키지 못함과 루치아를 배반한 여자로 원망했던 본인의 행동을 후회하면서 '내 사랑하는 아름다운 영혼이여. 신이시여 하늘에서 우리를 다시 맺어지게 해주소서. 나도 당신을 따라갑니다'(O bell'alma innamorata. Ne congiunga il Nume in Ciel. Io ti seguo)라는 마지막 유언을 남기고 자살합니다. 이렇게 오페라의 막은 끝이 납니다.

솔오페라단 예술의전당 〈람메르무어의 루치아〉 커튼콜 우주호 출연(엔리코 역)

출처 : 저자 제공

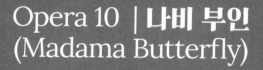

Opera 10 | 나비 부인
(Madama Butterfly)

〈나비 부인〉 한눈에 보기

1. 푸치니는 초초상을 너무 사랑해서 오페라 대부분을 소프라노 분량으로 작곡을 했습니다.
2. 푸치니는 일본에 주둔한 미군들이 1차 세계 대전 때 벌인 인신매매 같은 사회상황을 고발하고 여성 인권 신장을 이야기하는 오페라입니다.
3. 푸치니가 가장 사랑한 오페라이며 푸치니의 이상형은 초초상입니다.
4. 레치타티보를 선율적 멜로디와 융합해 더 감동적으로 가사를 표현하고 전달하는 데 성공했습니다.
5. 처음 작곡했을 때는 2막이었는데 지휘자 토스카니니의 권유로 3막을 작곡했습니다.

작가 : 이윤이, 제목 : 나비 부인

푸치니가 가장 사랑한 오페라이자, 이상형 '나비 부인'

인태 오늘 오페라 무대가 궁금해서 저는 빨리 우주호 교수님을 뵈러 가겠습니다. 안녕하세요!

주호 안녕하세요.

인태 교수님. 얼마 전 국립극장 용에서 한국가곡으로 편집된 오페라 〈가곡다방〉 무대에 서셨지요?

주호 네. 바쁘신데도 저를 위해 응원하러 와주셔서 정말 감사합니다.

인태 오페라 중에 교수님께서 극 중 대사가 있어서 사투리 때문에 힘들다고 하셨는데 너무 편하게 잘하시던데요?

주호 제 사투리는 긴장을 안 하면 바로 나오기 때문에 고생 많이 했습니다. 많은 분이 제 공연을 관람해주셔서 정말 감사했습니다.

인태 저희가 감사하지요! 영원히 우주호 교수님을 응원합니다.

주호 감사합니다. 나중에 저하고도 꼭 같은 무대에 서길 기원합니다.

국립중앙박물관 국립극장 용 〈가곡다방〉 커튼콜
이현주, 박상돈, 한혜원, 조윤조, 우주호, 김지훈, 윤동기 출연

출처 : 저자 제공

인태 이제 오페라 이야기로 우주호 교수님과 함께하겠습니다.

주호 반갑습니다. 지금부터 여러분에게 어렵다고 생각하는 서양 오페라를 저의 경험을 토대로 아주 쉽고 재미있는 설명을 해드리겠습니다.

인태 기대됩니다. 오페라 이야기와 그 뒷이야기 그리고 교수님의 체험담까지 잘 부탁드립니다.

주호 네!

인태 그럼 오늘 오페라 소개 부탁드립니다.

주호 〈나비 부인〉(Madama Butterfly)입니다.

인태 천재 오페라 작곡가 푸치니의 작품 〈나비 부인〉이군요

주호 맞습니다! 푸치니의 3대 작품 중 한 작품입니다.

인태 질문 들어갑니다. 푸치니 비극 3대 작품이 뭐지요?

주호 푸치니의 3대 비극 오페라 작품은 〈라 보엠〉, 〈토스카〉, 〈나비 부

인〉입니다.

인태 세계에서 가장 많이 연주되는 최고의 오페라이네요. 교수님과 오페라 〈나비 부인〉에 대해서 이야기해보겠습니다. 언제 만들어진 작품인가요?

주호 1904년에 초연이 되었습니다. 당시 작곡가 푸치니는 일본을 동경하면서 아시아 문화와 철학사상에 심취되었다고 합니다. 20세기 초반에는 유럽이나 미국에 있는 지성인들이 동양에 대해서 지대한 관심이 있었고, 유럽의 상류층은 유행처럼 동양의 사상을 이야기하곤 했습니다. 당연히 푸치니도 동양문화를 사랑하고 많은 영향을 받아서 〈나비 부인〉 오페라를 작곡했던 것입니다.

인태 교수님 〈나비 부인〉 오페라를 한마디로 표현해 주세요.

주호 네. 게이샤 15살 초초상이 남편 미국 장교 핑커톤을 기다리다가 결국은 자살로 마감하는 비운의 오페라입니다.

인태 그렇군요. 상세한 줄거리를 알아보기 전에 〈나비 부인〉의 주요 캐릭터 좀 간단히 소개해주시지요. 나비 부인이 타이틀 주인공이지요.

주호 맞습니다. 〈나비 부인〉의 나비는 일본 말로 초초라는 뜻이고, 역 중에 제일 중요한 여자 소프라노 주인공이 초초상입니다.

인태 정말 〈나비 부인〉의 초초상은 소리나 감정이 드라마틱해야 된다고 이야기 들었습니다.

주호 정확합니다. 성악 파트에 대해 퀴즈를 내보겠습니다. 우리의 국민

프리마돈나 조수미 선생님은 〈나비 부인〉 오페라 초초상 역을 할 수 있을까요?

인태 없습니다!

주호 정답입니다. 조수미 선생님은 벨깐토 테크닉을 자유자재로 구사하는 꾀꼬리 같은 목소리입니다. 하지만 〈나비 부인〉은 드라마틱한 강한 소리를 내야 하므로 조수미 선생님은 〈나비 부인〉의 초초상과는 어울리지 않습니다.

인태 좀 더 자세히 설명해주시겠어요?

주호 성악은 오페라의 극의 진행에 따라서 같은 성부이지만 상세하게 나누어집니다. 조수미 선생 같은 레제로 소프라노에는 〈수잔나〉, 〈체를리나〉, 〈밤의 여왕〉, 〈리골렛또〉의 질다 같은 오페라가 있고요. 메트로폴리탄의 주인공 홍혜경 선생님 같은 리릭꼬 소프라노는 〈피가로 결혼〉의 백작 부인, 〈라 트라비아타〉의 춘희가 있습니다. 마지막으로 세계적인 소프라노 미렐라 프레니(Mirella Freni)와 같은 리릭꼬 스핀또는 〈나비 부인〉, 〈토스카〉, 〈오텔로〉 등이 있습니다.

인태 그렇군요. 테너, 소프라노, 바리톤, 메쪼소프라노에서 각 성악 파트가 세 가지 종류로 나누어진다고 하셨지요.

주호 맞습니다. 각 성부마다 세 파트인 레제로, 리릭꼬, 스핀또 드라마틱으로 나뉜다고 앞서 말씀드렸습니다. 이 정도로만 알고 계시면 오페라 고수입니다.

인태 다른 주인공 소개도 부탁드립니다.

주호 외로움을 참지 못하고 일본의 어린 게이샤와 겁 없이 결혼하는 사고뭉치 테너 핑커톤과 그의 친구인 이성적이고 정이 많은 미국 영사의 바리톤 샤르플레스가 있습니다. 사실 이들도 드라마틱한 초초상의 소리와 앙상블을 하려면 그들도 소리의 중량감이 있어야 오페라가 성공적으로 완성됩니다.

인태 바리톤 샤르플레스는 교수님도 여러 번 하셨지요?

주호 네. 바리톤 샤르플레스는 초초상을 진심으로 가엾게 생각해서 많은 도움을 주는 멋진 역할입니다.

인태 또 다른 역할도 소개를 부탁드립니다.

주호 초초상의 모든 불행을 지켜보는 하녀 메쪼소프라노 스즈키와 중매쟁이면서 돈이면 무엇이든지 하는 레제로 테너인 고로가 있습니다. 그 다음으로 초초상의 삼촌이면서 단호한 성역으로 그녀를 저주하는 베이스 본조, 그리고 초초상을 좋아해서 후처로 들이기 위해 노력하는 바리톤 야마도리가 있고요, 마지막으로 핑커톤의 미국 아내 메쪼소프라노 케이트가 있습니다.

인태 정리하겠습니다. 소프라노 주인공인 초초상 그리고 테너 주인공인 핑커톤과 바리톤 주인공 샤르플레스고 마지막으로 메쪼소프라노의 스즈키네요.

주호 오페라 주연 4명과 조연 4명으로 이루어져 있습니다.

인태 그런데 테너 핑커톤은 다른 오페라에 비해서 비중이 적잖아요.

주호 잘 아시네요. 분량은 적지만 1막의 이중창과 3막에 있는 아리아가
　　　정말 멋진 선율로 구성되어 있습니다.

인태 저도 한번 불러봤는데 어렵지만, 너무 좋았습니다.

주호 인태 선생님이 잘 부를 수 있는 아리아입니다.

인태 감사합니다. 교수님.

서울오페라단 국립 해오름극장 우주호 출연(샤르플레스 역)

출처 : 저자 제공

인태 오페라 〈나비 부인〉은 몇 막으로 되어 있습니까?

주호 푸치니는 원래가 2막으로 작곡해서 1904년도 초연했는데 대실패
　　　를 했습니다. 실패한 오페라인데도 푸치니는 〈나비 부인〉 오페라를
　　　너무 사랑했다고 합니다.

인태 푸치니는 초초상을 많이 사랑했나봅니다.

주호 어떻게 아셨나요? 초초상을 너무 사랑해서 개인 소장품에도 초초상 이름을 붙일 정도입니다. 그리고 재미있는 이야기가 있습니다.

인태 말씀해주세요.

주호 초연에 실패하고 난 후에 거장 지휘자 아르투로 토스카니니(Arturo Toscanini)가 테너의 분량이 좀 적어서 오페라가 실패한 게 분명하니 테너 분량을 위해 3막을 작곡하라고 자문했다고 합니다.

인태 와! 정말 대박 사건이네요. 그래서 3막의 유명 테너 아리아가 탄생했군요. 푸치니는 지휘자 토스카니니께 감사해야 하네요.

주호 3막이 완성되고 난 후에 작곡가 푸치니는 더 〈나비 부인〉을 사랑하게 되었고 대성공을 했다고 합니다.

인태 테너가 이 오페라를 살렸네요.

주호 맞습니다. 사실 〈나비 부인〉 오페라에 있는 모든 남자 역할들이 조금 미약합니다. 바리톤인 샤르플레스도 아리아도 없고 분량이 다른 오페라에 비해서 많이 적습니다.

인태 그런데 왜 유명 오페라가 되었지요.

주호 모든 것을 드라마틱 소프라노 초초상에게 집중해서 한 여인의 아픔을 작곡한 것입니다. 푸치니의 초초상 사랑으로 모든 열정을 소프라노에 쏟은 것입니다.

인태 그래서 초초상의 환상적인 선율의 노래가 많고 정말 드라마틱하게 작곡되었군요.

인태 자! 지금까지 캐릭터만 설명했는데도 줄거리가 대충 파악이 됩니다. 이제 본격적으로 줄거리를 설명해주시지요

주호 조금 전에 잠시 말씀드렸지만, 오페라 초연은 1904년도에 이탈리아 스칼라극장에서 공연되었고, 1900년도에 일어난 일입니다. 미군 해군 장교 핑커톤이 너무 외로워서 게이샤인 15살의 어린 초초상과 결혼을 합니다.

인태 어린 신부 초초상의 직업이 게이샤면 기생인 거지요?

주호 맞습니다. 테너 핑커톤은 어린 신부 게이샤 초초상을 맞이할 집을 구하기 위해 테너 고로와 같이 일본 전통가옥을 찾는 장면이 오페라의 첫 장면입니다.

인태 신혼집을 구하는 장면이네요.

주호 마을의 모든 일을 하면서 먹고사는 중개업자 고로가 핑커톤에게 신혼집이 '999년 동안 임대하기에는 이 일본전통가옥이 아주 적합하다오'(La comperai per novecento novanta nove)라고 소개하는 이중창으로 시작합니다.

인태 999년 임대면…. 영원히 같이 살자는 뜻인 거지요? 아니 핑커톤이 그냥 외로워서 결혼을 하는 거 아닌가요?

주호 불행히도 가사가 이렇습니다! 그 당시 이런 비정상의 혼인 관계가 유행처럼 있었다고 합니다. 그래서 핑커톤의 친구인 바리톤 샤르플레스는 이런 결혼을 하지 말라고 충고하지만 게이샤 초초상의 아름다움에 빠진 핑커톤은 결혼을 강행합니다.

인태 여인의 미모에 빠지면 정신이 없지요.

인태 교수님, 갑자기 생각나서 그런데요. 우리가 꼭 알아야 할 오페라 〈나비 부인〉의 음악적 특이사항은 없나요?

주호 있습니다. 천재 작곡가 푸치니의 아주 중요한 시도가 있습니다. 기존 오페라의 형태는 서곡 그리고 몇 개의 막으로 진행이 됩니다. 하지만 푸치니는 서곡과 1막을 같이 함으로써 오페라의 극적 표현을 더 극대화한 첫 오페라 작곡가입니다.

인태 서곡 없이 바로 극적인 표현으로 가니 박진감이 더하겠네요.

주호 푸치니의 〈나비 부인〉은 음악적인 혁신이라고 볼 수 있습니다.

인태 푸치니는 '찐' 오페라 대중화이군요. 1막에서 초초상의 음악적 등장과 재미있는 장면을 조금 더 자세히 듣고 싶습니다. 핑커톤은 신혼 첫날밤을 위해 고로가 소개한 전통가옥을 빌리나요?

주호 네, 당연히 빌립니다. 그리고 친구인 샤르플레스를 결혼서약식에 초대해서 아름답고 높은 언덕 위의 집에서는 나가사키 부두가 훤히 보인다고 자랑합니다. 철없는 핑커톤은 일본에 온 것을 행복해하면서 어린 신부 초초상을 친구 샤르플레스와 같이 기다리고 있습니다.

인태 행복해보이지만 걱정은 조금 됩니다.

주호 그래요. 초초상도 15세의 어린 나이이지만 집안이 몰락하여 어쩔 수 없이 결혼을 선택하게 된 것이고, 어리고 가냘픈 동양의 소녀는 충분히 핑커톤의 사랑을 받기에 충분히 예뻤습니다.

인태 사실 저는 이해가 안 됩니다. 아무리 사회가 어수선해도 이런 일이 일어날 수 있는지 믿기지 않는군요!

주호 앞에서도 말씀드렸지만, 그 당시 유행처럼 어린 신부들과 결혼하는 일이 많은 일본 상황을 작곡가 푸치니가 고발하기 위해 이 오페라를 작곡한 것입니다. 이런 행태는 인신매매와 다를 바 없지요.

인태 작곡가 푸치니가 존경스럽습니다.

주호 오페라는 항상 사회의 문제를 고발하는 역할을 담당해왔습니다.

인태 자! 그럼 〈나비 부인〉의 초초상은 언제 나옵니까?

주호 초초상의 첫 장면은 '한 발짝 더'(Ancora un passo or via)로 시작되는데 정말 환상적입니다. 일본식 정통우산을 쓴 초초상과 15명의 아름다운 게이샤의 여성합창은 등장부터 무대를 압도합니다.

인태 기억이 납니다. 소프라노 주인공의 멋진 첫 등장은 푸치니의 특색 중 하나이지요.

주호 기억하시는군요. 훌륭한 학생이시네요. 푸치니는 〈토스카〉, 〈라 보엠〉 등에서도 프리마돈나 출연은 음악적으로나 연출적으로 압도적인 장면입니다.

인태 푸치니의 소프라노에 대한 배려는 탁월하시네요.

주호 주인공의 부각은 오페라의 성공 여부니 푸치니는 오페라의 대중적 감각이 뛰어났다고 볼 수 있는 겁니다!

인태 오페라 이야기 계속 부탁드립니다.

주호 핑커톤과 초초상이 친인척들을 모시고, 바리톤 콤미사리오 앞에서 혼인서약을 선언할 무렵에 초초상의 삼촌인 본조가 등장해서 결혼을 반대하며 호통을 칩니다. '초초야! 초초야! 망신이다'(Ciociosan……! Ciosan! Abbominazione!)라고 해서 초초상의 결혼식은 아수라장이 됩니다.

인태 삼촌 본조 때문에 결혼이 취소되나요?

주호 그럼에도 불구하고 결혼은 성원이 되었고 테너 주인공인 핑커톤은 예쁜 초초상을 위로하면서 사랑과 미래를 약속하는 이중창, '매혹적인 눈망울을 가진 나의 사랑…. 지금 당신은 모두 나의 것이야'(Bimba dagli occhi pieni di malia….ora sei tutta mia)라고 합니다.

인태 정말 환상적인 이중창이지요. 내용은 어찌 되나요?

주호 핑커톤은 삼촌 본조로부터 상처받은 초초상을 위로하기 위해 '우리에겐 사랑이 있고 달콤한 밤이 있습니다. 그리고 수많은 별이 우리를 축복하니 달콤한 밤! 모든 것이 빛나요…. 하늘이 웃고 있어요!'(Ah! Dolce… notte! Tutto estatico d'amor…ride il ciel)라고 합니다. 우리의 미래는 영원히 행복하게 살 것이라고 위로하며 사랑을 고백합니다.

인태 이 이중창 정말 길지요?

주호 8분 이상인 오페라 이중창이 몇 개가 있는데 긴 이중창의 하나입니다. 사랑의 이중창으로 1막이 끝이 납니다.

인태 사랑의 첫날밤이 이루어지는군요.

주호 네. 음악적으로 조금 더 설명해드리면 1막의 마지막 이중창은 극적인 발성과 부드러운 감성의 음악성이 필요하므로 최고의 테너와 최고의 소프라노가 이 노래를 같이 불러야 감동을 할 수 있습니다.

인태 정말 어렵지만, 푸치니의 관능적 선율이 고급스럽게 담겨있는 완벽한 이중창 같습니다.

주호 여기에서 정말 창의적인 연출법이 푸치니의 음악과 어떻게 융합되느냐가 1막의 승패를 결정합니다.

인태 이 장면이 잘되어야 2막이 궁금해지겠네요.

주호 아름답고 사랑스러운 이중창의 선율로 1막은 끝이 납니다.

가난과 전쟁, 무책임한 사랑 탓에
죽음을 택한 비운의 여인

인태 바리톤 우주호 교수님과 오페라 이야기 이어가겠습니다.

주호 너무 반갑습니다. 여러분 머리 숙여 인사드립니다. 요즘 너무 더우시지요? 오늘 오페라 이야기로 시원하게 해드리겠습니다. 일본 나가사키로 가겠습니다.

인태 일본을 대표하는 오페라 〈나비 부인〉을 만나보겠습니다.

주호 세계인들이 가장 사랑하고 특히 본인 푸치니가 가장 사랑하고 아끼는 오페라 〈나비 부인〉입니다.

인태 무슨 이유로 푸치니는 얼마나 〈나비 부인〉 오페라를 좋아했나요?

주호 정말 사랑하고 좋아했다고 합니다.

인태 무슨 이유라도 있습니까?

주호 당연한 이유가 있습니다. 푸치니의 이상형이 초초상이기 때문입니다.

인태 동양의 여인을 좋아했네요.

주호 네.

인태 정말 푸치니의 여성 스타일을 쉽게 알 수 있네요.

주호 인태 선생님. 1막 때에 당시 유럽 사람들이 동양의 사상에 심취되었다고 말씀드렸습니다.

인태 네. 기억이 납니다.

주호 푸치니가 〈나비 부인〉을 작곡한 배경을 조금 살펴보겠습니다.

인태 엄청나게 기대됩니다.

주호 푸치니는 이 오페라를 작곡한 후에 "내가 작곡한 완벽한 오페라 작품이다"라고 스스로 극찬을 했다고 합니다.

인태 본인 작품에 만족하기는 힘든데, 스스로 극찬했네요.

주호 푸치니 스스로가 인정한 작품이지만, 이탈리아 최고의 극장인 스칼라에서 한 초연에서는 대실패를 합니다.

인태 왜 대중적 사랑을 받지 못했는지 왜 초연에 실패했는지 말씀해주세요.

주호 실패의 이유는 초초상에게 너무 치우쳐 작곡한 탓입니다.

인태 푸치니는 소프라노만 좋아했나 보네요

주호 많은 편애가 있었던 것 같아요. 유난히 〈나비 부인〉 오페라는 더 심한 것 같습니다.

인태 푸치니가 〈나비 부인〉을 선택한 배경이 있나요?

주호 네. 실제 인물이었던 〈나비 부인〉의 선택은 푸치니 선생의 또 놀라운 직관력을 찾아볼 수 있습니다.

인태 무슨 사건이 있었나요?

주호 조금 설명해보겠습니다. 〈나비 부인〉은 먼저 연극으로 대성공한 작품입니다. 푸치니는 영국 여행 중에 〈나비 부인〉 연극을 봅니다. 그리고 영어판 연극인데도 불구하고 엄청난 충격과 감동으로 눈물까지 흘렸다고 합니다. 그리고 푸치니는 바로 〈나비 부인〉 연극 판권을 얻은 후에 바로 오페라로 제작했다고 합니다.'

인태 푸치니는 역시 승부사였네요.

주호 푸치니는 영어를 잘했을까요? 못했을까요?

인태 푸치니 선생님 정도의 유명인사니까 당연히 영어를 잘했고, 영어를 잘했으니까 연극에 감동하지 않았을까요?

주호 아니요. 불행히도 푸치니는 영어를 잘하지 못했다고 합니다.

인태 완전 반전이네요. 영어를 모르는데 어떻게 연극에 감동했지요?

주호 여기서 푸치니의 돌발적인 직관력이 대작 〈나비 부인〉을 작곡하게 됩니다. 푸치니는 영어를 잘 모름에도 불구하고 연극을 보면서 눈물을 흘린 점에 확신이 생겼다고 합니다. 또 중요한 이유는 초초상의 지고지순한 여인상에 반했기 때문입니다. 연극 본 후에 "내 인생에서 찾고 있는 나의 여성이다"라고 고백했습니다.

인태 그래서 오페라 작곡을 결심했군요. 그런데 푸치니는 일본의 문화를 알고 있었나요?

주호 그 후에 오페라를 작곡하기 위해서 이탈리아에서 배우로 활동하는 일본인을 만나서 일본 문화를 공부했고, 일본 대중가수를 통해서도 일본의 음악적인 색채와 감성에 대해서 집중적으로 체험했다고 합니다.

인태 정말 푸치니 선생이 일본은 한 번도 방문하지 않고 이탈리아에서 간접적으로 공부해서 오페라를 작곡했네요. 정말 대단합니다.

주호 일본이 개항하고 난 후에 서서히 유럽 사람들에게 일본 문화가 소개되기 시작했습니다. 유럽 거리에서 일본 정통의상 기모노는 충분히 충격적이었습니다

인태 푸치니 눈에도 많이 신기했겠네요.

주호 그리고 푸치니는 이탈리아에서 일본 음악을 자주 들었다고 합니다.

인태 작품이 그냥 나오는 게 아니군요.

인태 교수님 혹시 오페라 가수 중에 좋아하는 초초상 있나요?

주호 제가 가장 좋아하고 이 시대의 최고 초초상이라고 생각하는 분은 이탈리아 출신의 소프라노 미넬라 프레니(Mirella Freni)입니다.

인태 제가 아는 세계적인 소프라노 미넬라 프레니지요?

주호 네. 사실 이분을 소개하는 이유가 있습니다. 아주 재미있는 뒷이야기가 있습니다.

인태 빨리 말씀해주세요. 저는 뒷이야기가 좋습니다.

주호 놀라지 마세요! 프레니와 여러분이 잘 아시는 루치아노 파바로티

(Luciano Pavarotti)는 같은 도시에서 태어난 고향 친구입니다.

인태 대단하네요. 한 동네에서 세계적인 성악가가 두 분이나 배출되었네요.

주호 그때 당시에 이탈리아 중부지역에 있는 도시 모데나에는 산업혁명 이후에 담배공장이 많이 설립되었습니다. 같은 동네 담배공장에서 같이 일하시는 부모님들 밑에 프레니와 파바로티는 1935년 같은 해에 태어났습니다.

인태 한 동네에서 같은 해에 세계적인 두 성악 거장이 태어났네요.

주호 더 재미있는 관계가 있어요. 그 당시에는 경제적으로 어려운 시대라서 모두가 맞벌이하는 상황이라 갓난아기들이 젖동냥을 많이 받았다고 합니다.

인태 설마 두 거장이 한 유모에게 젖동냥을 받았나요?.

주호 네! 한 유모에게서 세계적인 두 성악가가 나온 것입니다.

인태 노래를 잘하려면 그 유모 아주머니 꼭 뵈어야 하네요. 그래서 두 분의 우정이 남달랐고 각 분야에서 세계 최고니까 음반도 많고, 오페라를 같이 많이 했군요.

인태 이제 오페라 2막 이야기로 들어가볼까요?

주호 네. 2막의 첫 장면은 신혼집 그대로입니다. 핑커톤은 정식적으로 초초상과 결혼하지만 정치적인 변화가 생겨서 3년 후에 다시 일본으로 돌아온다고 약속하고 본국 미국으로 돌아갑니다.

인태 초초상이 핑커톤과의 약속한 3년을 손꼽아 기다리는 첫 장면이겠네요.

주호 네. 드라마틱 소프라노 초초상은 돌아오지 않는 테너 핑커톤을 울새가 둥지를 틀 무렵에 꼭 올 것이라고 믿고 기다립니다. 돈은 다 떨어져가고 하루하루 생활이 힘들지만, 저 멀리 배가 들어올 때 사랑하는 남편이 있으면 이 모든 것이 해결된다고 믿습니다. 기다림에 지친 초초상은 아리아 '어느 갠 날'(Un bel dì vedremo)을 열창합니다.

인태 명곡 중에 명곡이고 이 오페라의 대표하는 아리아지요!

주호 푸치니는 모든 천재성을 여기에 다 쏟아 넣습니다. 성악적 기법, 음악적 진행, 초초상의 애절한 감정을 모두 담아서 아리아 '어느 갠 날'에 모두 표현을 합니다. 푸치니가 영어를 모르고 본 영어 연극에 눈물을 흘렸듯이, 우리도 그냥 이 아리아를 들으면 눈물이 흐르고 한 여인의 한 맺힘을 충분히 느낄 수 있습니다.

인태 정말 소름 끼치는 소프라노 아리아입니다. 드라마틱의 소프라노의 모든 테크닉을 볼 수 있는 완벽한 노래인 것 같습니다. 간단한 뜻 부탁합니다.

주호 어느 맑고 갠 날 남편 핑커톤은 나를 찾아와서 '꽃처럼 향기로운 나의 작은 아내여 하고 부르면서 언젠가 나에게 올 거예요'(piscina mogliettina olezzo di verbena, I nomi che mi dava al suo venire)라고 믿고 부르는 아리아입니다.

인태 너무 애절한 그리움의 아리아군요.

주호 하지만 초초상의 기도가 이루어진 것인지 드디어 남편 핑커톤의 친구인 미국 영사 샤르플레스가 편지 한 통을 들고 초초상을 만나러 찾아옵니다.

성남문화재단 기획 오페라 〈나비 부인〉, 임세경(나비 부인 역), 우주호(샤르플레스 역)

출처 : 저자 제공

인태 아! 반가운 손님이네요. 핑커톤의 편지군요!

주호 여기서 소프라노 초초상과 바리톤 샤르플레스의 편지 이중창은 '실례합니다. 초초상 계시나요'(Chiedo scusa. Madama Butterfly) 정말 푸치니의 천재성을 부인할 수가 없습니다. 전부 레치타티보 형태로 진행되지만, 음악적인 멜로디와 결합해 정말 아름답게 표현됩니다.

인태 이중창이 기대됩니다!

주호 사실 사중창입니다. 고로와 야마도리가 옆에서 조금씩 돕고 있습니다.

인태 중매쟁이 고로는 초초상을 괴롭히지 않나요?

주호 당연히 괴롭힙니다. 초초상을 호시탐탐 초초상에게 핑커톤을 잊고

이 동네에서의 부자인 야마도리와 결혼을 하라고 강요합니다.

인태 그 당시 여성의 인권을 볼 수 있는 장면이네요.

주호 부자 야마도리가 아들도 잘 키워줄 테니 결혼만 승낙해달라고 여러 번 제안하지만 지고지순한 초초상은 오로지 핑커톤만 기다립니다.

인태 푸치니뿐만 아니라 정말 남자가 좋아할 만한 이상형이네요. 저도 이런 여성분이 있다면 사랑과 인생을 걸겠습니다.

주호 산업혁명으로 빠르게 변화하는 유럽 상황에서는 찾을 수 없는 여성인 것 같습니다.

인태 편지의 내용을 알 수 있나요?

주호 간단히 말씀드리면 나를 기다리지 말고 다른 삶을 살길 바란다는 편지입니다. 그리고 친구 샤르플레스는 초초상에게 돈 없이 불쌍하게 핑커톤을 기다리지 말고 부자 야마도리의 청혼을 받아들이는 것이 좋겠다며 시집가는 것을 권유합니다.

인태 옛날이나 지금이나 똑같군요.

주호 초초상은 어쩔 수 없이 핑커톤의 이별편지에 '이 아이도…. 그이가 잊을 수 있을까요…?'(e questa.....egli potra' pure scordare?) 하며 아들이 있다는 사실을 친구 샤르플레스에게 밝힙니다. 여기에서 초초상이 아이를 키우면서 지금까지 자존심을 지켜온 이야기는 노래합니다. 정말 가슴이 미어지는 멜로디로 '네 엄마는 너를 품에 안고서'(Che tua madre dovra' prenderti in braccio)를 부릅니다.

인태 친구 샤르플레스도 엄청난 충격을 받았겠네요.

주호 핑커톤의 실수에 개탄하는 장면이 이중창에 표현이 되고 있습니다. 사실 저도 여러 번 이 역할을 자주 했지만 정말 하기 싫은 오페라입니다. 사실 제 개인적인 생각이지만 초초상의 지고지순함을 더 높이기 위해서 남자들의 역할을 찌질하게 만든 것 같기도 합니다. 바리톤 샤르플레스는 음악적으로나 성악 발성적으로 내세울 게 없는 역입니다.

인태 바리톤의 존재감이 없군요. 이런 사실을 몰랐습니다. 푸치니의 소프라노 사랑이 실감이 나네요.

주호 친구 샤르플레스는 아들 소식을 듣고 이 사실을 꼭 핑커톤에게 꼭 전한다고 합니다. '너의 아빠가 알게 될 거다. 너에게 약속하마'(Tuo padre lo sapra', te lo prometto)라고 약속하면서 초초상을 떠납니다.

인태 이별통보를 받은 초초상이 너무 불쌍합니다.

주호 푸치니는 이런 초초상의 감정을 놓치지 않고 폭발적으로 작곡을 합니다. 정말 2막의 후반부는 눈물 없이 들을 수 없습니다.

인태 손수건 없이 못 듣나요?

주호 사실 저는 무대 위에서도 눈물을 흘립니다. 초초상과 스즈키의 핑커톤의 기다림의 2막 마지막 이중창은 불행 그 자체입니다. 환상의 여성 꽃 노래 이중창 '벚나무의 가지를 흔들리는구나'(Scuoti quella fronda di ciliegio)는 기다림에 지친 두 여인이 마지막 희망을 걸고 부르는 간절함의 이중창입니다.

인태　무심하게 미국으로 가버린 핑커톤을 기다리는 두 여인의 애환을 노래하는 이중창이네요. 너무 아름다운 선율인데 슬픈 사연이 있었네요. 뜻이 어떻게 되나요?

주호　간단히 말씀드리면 멜로디는 아름답지만, 비통의 이중창을 '내가 흘린 눈물이, 이제 나에게 꽃이 되었구나'(Pianto alla zolla, essa i suoi fior mi da'!)라며 부릅니다.

인태　아니, 이 꽃 노래는 유명한데 핑커톤이 오는 것에 기뻐 온 집안을 꽃단장하는 게 아닌가요? 조금 더 상세히 부탁드립니다!

주호　기다림과 그리움에 지친 한 여인이 마지막 봄 향기를 울면서 즐기는 비통의 이중창입니다. '우시나요…. 아니……. 웃고 있지……. 웃고 있잖아! 언제 그는 오실까?'(Quel pianto. No. rido rido! Quanto lo dovremo aspettar?) 벚나무를 흔들어 꽃잎을 따고, '복숭아꽃, 제비꽃, 재스민꽃'(Pesco, viola, gelsomin) 전부 따오라고 초초상은 스즈키에게 지시합니다. '이제 내 눈물이 꽃이 되어 돌아오는구나'(Pianto alla zolla, essa I suoi fior mi da'!) 하는 장면이 너무나 인상적입니다.

인태　충격적이네요. 저의 초초상과 스즈키의 꽃 노래의 인식을 확 바꿔주는 해석입니다.

주호　초초상의 불운한 삶의 표현은 이제 시작입니다. 가사가 없이 허밍 소리로 혼성합창을 구성해 초초상의 애절함을 표현하는 푸치니의 천재적 발상은 정말 충격적인 무대를 연출합니다. 지금까지의 삶과 미래의 불행을 느낄 수 있는 오페라 명장면입니다.

인태 음악이 너무 아름답게 느껴지니 더 가슴 아픕니다.

주호 이렇게 2막은 초초상이 이별통보를 받았지만, 여전히 핑커톤을 기다립니다.

인태 다행입니다. 제발 핑커톤이 아들 때문에 초초상을 찾아오길 기도합니다.

주호 3년을 손을 꼽아 기다린 초초상은 핑커톤에게 샤르플레스가 아들 이야기를 하면 핑커톤이 돌아와서 온전한 가정을 이룰 수 있다는 희망으로 다시 기다림을 시작합니다.

인태 또 다른 기다림이라 생각하니 가슴이 답답합니다. 2막은 남자로서 반성이 되는 점이 너무 많습니다.

인태 교수님 바로 3막에서 어떤 결과가 나오나요?

주호 네. 바로 설명 들어가겠습니다. 원래 〈나비 부인〉이 2막까지 작곡되었는데 지휘자 토스카니니의 권유로 3막이 생긴 거 아시지요?

인태 3막이 첨가되고 오페라가 선풍적으로 인기를 얻었잖아요. 나중에 지어진 3막을 한마디로 정리가 가능할까요?

주호 모든 것을 잃은 초초상의 죽음입니다.

인태 정말 지고지순의 한 여인이 결국 죽음으로 끝이 나는군요. 자세한 3막 이야기 부탁드립니다.

주호 막이 오르면 앉은 채로 잠에서 깨어난 스즈키는 핑커톤을 기다리다가 밤새 잠을 못 잔 초초상에게 '아, 아침이. 초초상. 그는 올 것이야. 그는 올 것이야'(Gia'il sole!.. Ciociosan...verra'...verra' vedrai) 하며 아침을 맞이합니다.

인태 핑커톤은 왔습니까?

주호 샤르플레스와 핑커톤과 여인 한 사람이 초초상의 집에 도착합니다.

인태 여인이라면 누구인가요?

주호 핑커톤의 아내인 미국 사람 메쪼소프라노 케이트입니다.

인태 초초상이 받을 충격을 생각하니 가슴이 아프네요.

주호 초초상이 아들과 잠을 자는 사이에 스즈키와 샤르플레스는 핑커톤에게 초초상의 기다림을 모두 이야기하는 삼중창과 3막을 성공시킨 테너 아리아를 합니다. 한순간의 외로움을 달래기 위해 어리석은 짓을 한 남자가 반성하는 노래인 테너 반성의 아리아 '안녕히 꽃으로 가득한 사랑의 집이여'(Addio fiorito asil di letizia e d'amor)를 부릅니다.

인태 이 아리아를 듣고 남자들은 진실한 사랑이 무엇인지를 알아야 할 것 같아요.

주호 지나간 시간은 돌이킬 수 없는 거지요. 또 다른 현실은 핑커톤과 케이트는 아들의 미래를 핑계로 초초상에게서 아들을 입양하러 온 것입니다

인태 왜 초초상에게서 다 빼앗아가나요?

주호 초초상은 그들이 아들만 데리러 온 것을 안 후에 케이트와 초초상은 '아들을 제게 주실 수 있나요? 네. 줄 수 있어요. 단지 그가 아

이를 데리러 와야 해요'(E il figlio lo dara'? A lui lo potro' dare se lo verra' a cercare) 하며 마지막 아들에 관한 대화를 나누고 아들을 향한 마지막 유언의 노래를 합니다.

인태 오갈 때 없는 초초상이 너무 가엽습니다.

주호 아빠에게서 받은 유일한 유품으로 단검에 적힌 가훈 '명예롭게 살지 못하면 명예로운 죽음을 택해라'(Con onor muore chi non puo serbar vita con onore)를 읽고 사랑하는 아들을 보면서 마지막 명예스러운 죽음을 선택하는 노래입니다. '아가야, 아가야, 아가야'(Tu, Tu, Tu)를 피를 토하면서 부를 때는 눈물 없이는 들을 수가 없습니다. 초초상의 명예로운 최고의 아리아입니다.

인태 상상이 가는 노래이지만 곡 소개 부탁드립니다.

주호 '사랑하는 나의 아들아 저 멀리 바다 건너가렴. 순진한 너의 눈은 알 길 없지만 네가 나이 들면 엄마가 널 포기했다고 슬퍼 마라'(pei tuoi puri occhi, muor Butterfly..... ai di maturi,...il materno abbandono.) 그리고 마지막으로 '내 사랑 아가야 안녕!'(Amore, addio!)을 남기고 생을 마감합니다.

인태 정말 남자라는 것이 너무 부끄럽습니다. 숭고한 초초상의 죽음에 애도를 표합니다.

주호 초초상의 3년의 숭고한 기다림, 15세의 어린 나이에 게이샤의 삶에서 어쩔 수 없이 미국 병사와 결혼을 해야 하는 선택이 없는 인생.

그리고 아버지 유언을 저버리고 가문을 배반하는 아픈 현실이 초
초상을 자살로 몰아간 비극의 이야기입니다.

푸치니는 초초상이 너무 불쌍해서 모든 천재성을 동원해 그녀를
대변하는 비운의 화성과 한 여인의 비통함을 음악적 선율로 드라
마틱하게 작곡한 것입니다. 이 한 편의 〈나비 부인〉 오페라를 통해
전쟁으로 인한 여성의 고통이 없길 간절히 바랍니다.

가사로 보는 오페라, 막장 드라마!

제1판 1쇄 2025년 1월 15일

지은이   우주호
펴낸이   한성주
펴낸곳   ㈜두드림미디어
책임편집 이향선
디자인   얼앤똘비악(earl_tolbiac@naver.com)

㈜두드림미디어
등록   2015년 3월 25일(제2022-000009호)
주소   서울시 강서구 공항대로 219, 620호, 621호
전화   02)333-3577
팩스   02)6455-3477
이메일   dodreamedia@naver.com(원고 투고 및 출판 관련 문의)
카페   https://cafe.naver.com/dodreamedia

ISBN   979-11-94223-45-0 (03670)